Michael Jahnke

Bibellese-Abenteuer für Familien
Bibellese-Buch 52 Mal

Die verwendeten Illustrationen stammen von:
Jens Weber, Duisburg: Seite 8, Seite 14, Seite 16, Seite 22, Seite 34, Seite 35, Seite 28, Seite 44, Seite 45, Seite 48, Seite 52, Seite 70, Seite 72, Seite 82, Seite 89, Seite 91, Seite 109, Seite 111, Seite 128, Seite 136, Seite 137, Seite 138, Seite 140, Seite 148, Seite 149, Seite 150, Seite 155, Seite 156, Seite 158, Seite 159, Seite 160, Seite 161, Seite 162, Seite 163
Dorothée Boehlke, Hamburg: Seite 49, Seite 50+51, Seite 54, Seite 57, Seite 60
Jutta Schmid, Hamburg: Seite 38

Die verwendeten Fotos stammen von:
Istock.com: Seite 18, Seite 19, Seite 23, Seite 55, Seite 86, Seite 95, Seite 99, Seite 106, Seite 108, Seite 120, Seite 122, Seite 127, Seite 129, Seite 157
Jens Weber, Duisburg: Seite 60, Seite 133, Seite 134+135, Seite 138, Seite 141, Seite 145,
Hermann Krekeler, Hanstedt: Seite 103

ISBN: 978-3-87982-365-9
Bestell.- Nr.: 71213
© by Bibellesebund Verlag Marienheide 2010
Umschlaggestaltung: Thomas Georg Design, Münster
Satz: Breklumer Print-Service, Breklum
Druck: CPI, Ulm

Vorwort

Sie wollen sich auf das Abenteuer einlassen, in Ihrer Familie gemeinsam Bibel zu lesen? In diesem Buch finden Sie 52 Vorschläge, wie Sie dieses Abenteuer meistern können. Dieses Buch ist also kein Andachtsbuch im herkömmlichen Sinn. Es ist genau genommen noch nicht mal ein Andachtsbuch im sonstigen Sinn. Es ist ein Bibellese-Buch. Im Mittelpunkt steht das Lesen, Entdecken und Verstehen des biblischen Textes. Dieses Bibellese-Buch richtet sich an Familien. Anlass für die Arbeit an diesem Buch waren Nachfragen von Familien, ob es nicht eine Unterstützung bei dem Abenteuer geben könnte, als ganze Familie gemeinsam Bibel zu lesen. Die Bibeltexte, die für die 52 Bibellese-Abenteuer ausgewählt worden sind, entsprechen weitestgehend Texten aus dem Bibelleseplan (Fassung Einsteiger), der zum Beispiel den Bibellese-Zeitschriften *Guter Start* und *atempause* oder dem Bibellese-Buch *mittendrin* zugrunde liegt.

Bibellesen in der Familie? Wie kann das gelingen?
Wir sind überzeugt: Bibellesen ist wichtig. Und dies nicht nur für den einzelnen Menschen, sondern auch für Gemeindegruppen und Familien.

In Familien ist es nicht leicht, gemeinsam eine Zeit der Andacht oder des Bibellesens einzuplanen. Der Tag ist voll, jeder hat seine Termine und Verpflichtungen. Nicht nur darin besteht die Herausforderung, sondern auch darin, den unterschiedlichen Glauben und das unterschiedliche Verständnis ins gemeinsame Gespräch einzubringen.

Achten Sie darauf, dass nicht von vornherein eine „Gefälle-Beziehung" von Ihnen zu Ihren Kindern in der Zeit des Bibellesens besteht, in der Sie den Ton angeben und die Kinder „unterweisen". Das gemeinsame Bibellesen wird da spannend und bereichernd, wo sie sich als Gleichberechtigte dem Wort Gottes nähern und die Unterschiede im Glauben und Verstehen entdecken.

Überfordern Sie die gemeinsame Zeit nicht in Länge oder Anspruch. Das „schwächste" Mitglied in Ihrer Familie bestimmt über zumutbare Zeitdauer und Intensität des Austausches.

Gemeinsames Bibellesen prägt die Familie. Aus der Familie wird geistliche Gemeinschaft, Keimzelle des Glaubens.

Vorschläge zur Umsetzung
Schaffen Sie sich als Familie eine feste Zeit am Tag/in der Woche, in der das gemeinsame Bibellesen als Familie seinen festen Platz hat.
Belegen Sie diese Zeit mit einer hohen Priorität.
Machen Sie aus dieser Zeit eine vertraute Zeit, indem Sie einen festen Ort und einen dem Grunde nach wiederkehrenden Verlauf wählen, der Ihnen als Familie zusagt. Die Vorschläge in diesem Buch verstehen sich als Vorschläge. Sie sind nach einer Grundstruktur aufgebaut. Bitte verändern Sie, wann immer es Ihnen gefällt.
Machen Sie aus dieser Zeit eine besondere Zeit, indem Sie durch Kerzenschmuck, Liedern o. Ä. der Zeit einen besonderen Charakter verleihen. Gestaltung einer gemeinsamen Zeit hat immer auch mit Inszenierung zu tun. Wenn Sie die Vorschläge umsetzen, werden Sie entdecken, dass auch der Bibeltext „inszeniert" wird. Damit ist gemeint, dass auf den Bibeltext gestaltend hingearbeitet wird.

Der Ablauf eines Bibellese-Abenteuers
Gebet
Beten Sie zu Beginn, z. B.: „Lieber Gott, hilf uns bitte, dass wir verstehen, was du uns heute in der Bibel zu sagen hast. Amen."
Zum Einstieg
Nutzen Sie die Frage, das Spiel, die Aktion, das Experiment usw. zum Einstieg, um Konzentration zu bündeln und einen Einstieg in die gemeinsame Zeit zu gestalten.
Bibel lesen
Lesen Sie gemeinsam den Bibeltext. In den folgenden Leseeinheiten finden Sie Vorschläge für 52 Bibelstellen, die z. B. wöchentlich über das Jahr verteilt gelesen werden können. Wählen Sie eine Textübersetzung, die für Ihre Kinder gut zu

verstehen ist. Die Entwürfe in diesem Buch sind mit der Übersetzung der Gute Nachricht – Bibel entstanden. Wenn Ihre Kinder noch nicht selber lesen können, lesen Sie den Text vor oder erzählen Sie ihn nach. In den folgenden Bibellese-Abenteuern kommt es oft vor, dass der Bibeltext erst nach einer erklärenden Einführung gelesen, von einer kreativen Gestaltung begleitet, in verteilten Rollen gespielt, Abschnittweise entdeckt etc. wird. Überfliegen Sie den Vorschlag für das Lesen der Bibel kurz, um zu sehen, in welcher Reihenfolge und mit welcher Variation gelesen werden kann.

Bibel entdecken
Entdecken Sie gemeinsam den biblischen Text. Der Textentdeckerwürfel, die drei Gesichter, das Kisten-Kino, das Koffer-Theater, die Krempel-Kiste und viele andere Methoden helfen Ihnen dabei. Gut ist es, wenn Sie sich die kreativen Materialien, die im Anhang angegeben sind, herstellen, bevor Sie mit den Bibellese-Abenteuern beginnen. Es wird Sie nicht viel Zeit kosten. Alles andere funktioniert mit dem, was Sie im Haushalt schnell finden können.

Bibel erklären
Manchmal sind die Bibeltexte schwer zu verstehen und erklärungsbedürftig. Einige Erklärungen finden Sie deshalb in dieser Passage. Manchmal ist es angebracht, die Texte vorzulesen, manchmal ist es besser, kurz zu lesen und dann noch einmal mit eigenen Worten zu erklären.

Bibel übertragen
Mit den Fragen, Anregungen und Vorschlägen kann es Ihnen gelingen, die biblische Botschaft in das eigene Leben zu tragen.

Gebet
Beten Sie zum Abschluss noch einmal. Damit antworten Sie Gott auf das, was er Ihnen in der Bibel gesagt hat. Bringen Sie Dank und Bitte mit in diese Gebetszeit ein.

Inhaltsverzeichnis

Vorwort   S. 3

1. Lass dich nicht vom Bösen besiegen …   Römer 12,21   S. 8
2. Gott ruft Gideon   Richter 6,11-24   S. 11
3. Gott geht mit Gideon   Richter 7,1-8   S. 13
4. Gott schenkt Gideon den Sieg   Richter 7,16-22   S. 16
5. Rut und Noomi   Rut 1,1-17   S. 18
6. Rut verliebt sich   Rut 2,7-18   S. 21
7. Rut heiratet   Rut 4,1-12   S. 23
8. Ester wird Königin   Ester 2,8-18   S. 27
9. Ester und ihr ganzes Volk kommen in Gefahr   Ester 4,1-17   S. 29
10. Ester rettet ihr Volk   Ester 6,14-7,7   S. 32
11. David wird zum König gesalbt   1 Samuel 16,1-13   S. 35
12. David kämpft gegen Goliat   1 Samuel 17,12-30   S. 38
13. David und Jonatan werden Freunde   1 Samuel 17,55-18,5   S. 41
14. David muss fliehen   1 Samuel 20,24-42   S. 44
15. David verschont Saul   1 Samuel 24,1-23   S. 47
16. Eine Frau ehrt Jesus   Johannes 12,1-8   S. 49
17. Jesus feiert das Abschiedsmahl   Matthäus 26,20-30   S. 54
18. Jesus wird verhaftet   Matthäus 26,45-56   S. 57
19. Jesus steht von den Toten auf   Matthäus 28,1-10   S. 60
20. David erfährt vom Tod Sauls und Jonatans   2 Samuel 1,1-12   S. 63
21. David wird König über ganz Israel   2 Samuel 5,1-12   S. 66
22. David baut Mist   2 Samuel 11,1-13   S. 68
23. David spricht sich selbst das Urteil   2 Samuel 12,1-12   S. 71
24. David muss die Folgen tragen   2 Samuel 12,13-25   S. 73
25. Paulus schreibt an die Philipper   Philipper 1,1-11   S. 76
26. Jesus ist unser Vorbild   Philipper 2,1-4   S. 79
27. Freut euch   Philipper 4,4-7   S. 84
28. Freuen dürfen sich alle …   Matthäus 5,1-4   S. 86
29. Freuen dürfen sich alle …   Matthäus 5,5-6   S. 89
30. Freuen dürfen sich alle …   Matthäus 5,7-9   S. 91

31. Wie wir beten können	Matthäus 6,9-13	S. 94
32. Jesus und der Hauptmann von Kafarnaum	Matthäus 8,5-13	S. 95
33. Jesus nachfolgen	Matthäus 8,18-22	S. 99
34. Jesus heilt einen Gelähmten	Markus 2,1-12	S. 102
35. Jesus erzählt das Gleichnis von der Aussaat	Matthäus 13,1-9.18-23	S. 106
36. Jesus erzählt das Gleichnis vom Schatz und der Perle	Matthäus 13,44-46	S. 108
37. Jesus geht auf dem Wasser	Matthäus 14,22-33	S. 110
38. Jesus und die Kinder	Matthäus 19,13-15	S. 112
39. Jesus im Tempel	Matthäus 21,12-17	S. 115
40. Jesus erklärt das wichtigste Gebot	Matthäus 22,34-40	S. 117
41. Nehemia weint über sein Volk	Nehemia 1,1-11	S. 120
42. Nehemia wagt eine Bitte an den König	Nehemia 2,1-10	S. 124
43. Nehemia verteidigt die Mauer	Nehemia 4,1-8	S. 127
44. Nehemia vollendet den Mauerbau	Nehemia 6,1-16	S. 129
45. Jona flieht vor seinem Auftrag	Jona 1,1-16	S. 133
46. Jona betet im großen Fisch	Jona 2,1-11	S. 138
47. Jona geht nach Ninive	Jona 3,1-10	S. 141
48. Jona und der Wurm	Jona 4,1-11	S. 145
49. Jesaja sieht Gottes neues Reich	Jesaja 60,1-3	S. 148
50. Sacharja sieht Gottes neues Reich	Sacharja 8,1-8	S. 150
51. Die Geburt von Jesus wird angekündigt	Lukas 1,26-38	S. 153
Anhang		S. 158

1. Lass dich nicht vom Bösen besiegen ...
   Bibeltext: Römer 12,21

Gebet

Zum Einstieg

Jahreskoffer packen
Ihr braucht: ein paar Stifte, ein großes Blatt Papier und einen dicken Edding

Einer aus der Familie, der gut malen kann, malt mit dem dicken Edding einen großen leeren Koffer auf das Blatt Papier. Legt das Bild von dem Koffer so vor euch auf den Tisch, das jeder gut auf das Bild malen oder schreiben kann. Überlegt kurz und malt oder schreibt dann in den Koffer, was ihr aus dem gerade vergangenen Jahr an Erinnerungen und Erfahrungen gerne mit in das neue Jahr nehmen wollt.

Wenn alle Familienmitglieder fertig sind, tauscht ihr euch über das aus, was ihr gemalt oder geschrieben habt. Das jüngste Kind beginnt.

Gute Vorsätze
Viele Menschen nehmen sich in der Silvesternacht vor, im neuen Jahr etwas anders, besser oder neu zu machen. Oder sie nehmen sich vor, mit etwas aufzuhören, mit dem sie besser gar nicht erst angefangen hätten.
Hat jemand aus eurer Familie auch einen guten Vorsatz gefasst oder sich etwas Besonderes vorgenommen?
Erzählt einander davon.

Bibel lesen: Römer 12,21
Einer aus der Familie, der lesen kann, liest den anderen den Vers aus der Bibel vor.

Bibel entdecken

Ihr braucht: ein paar Stifte, ein großes Blatt Papier und einen dicken Edding

Einer aus der Familie schreibt die beiden Wörter „Böses" und „Gutes" rechts und links auf das große Blatt Papier.

Überlegt einen Moment und schreibt oder malt dann zu den beiden Wörtern, was euch dazu einfällt. Was tut ein Mensch, wenn er etwas Böses tut und was, wenn er etwas Gutes tut?

Wenn jedes Familienmitglied fertig ist, erzählt und erklärt ihr einander, was ihr geschrieben oder gemalt habt.

Frage an alle

Könnt ihr euch eine Situation vorstellen, in der es gelingt, Böses durch Gutes zu besiegen?

Wer schreibt wem und warum?

Blättert in eurer Bibel an den Anfang des Buches Römer. Lest in Kapitel 1 die Verse 1 und 7. Einer aus der Familie, der lesen kann, liest sie vor.

Was erfahrt ihr über den Schreiber des Briefes?
Wie heißt er?
Welcher Beschäftigung geht er nach?
Welche Aufgabe will er erfüllen?
An wen schreibt er den Brief?

Blättert in eurer Bibel wieder zum Kapitel 12 und lest die Überschrift vor Vers 9.

In der Bibelübersetzung Gute Nachricht heißt die Überschrift „Weisungen für ein Leben aus der Liebe".

Warum schreibt Paulus also an die Christen in Rom?

Frage an alle

Ist das, was in Vers 21 steht, so eine Anweisung für ein Leben aus der Liebe?

Bibel erklären

Paulus gibt den Christen in Rom einige gute Tipps, wie sie so leben können, dass es Gott gefällt. In den Versen 9-21 im Kapitel 12 beschreibt er, wie ein Mensch lebt, der erlebt hat, wie sehr

Gott ihn liebt: Ein solcher Mensch gibt Gottes Liebe an andere Menschen weiter.
Lest mal einige von den Versen vor dem Vers 21. Dort steht ziemlich genau, was es heißt, das Böse durch das Gute zu besiegen. Findet ihr etwas davon auf eurem Blatt Papier wieder?

Frage an alle
Kann es gelingen, immer das Gute zu tun?
Was können wir Menschen tun, wenn es mit dem Guten nicht geklappt hat, sondern wenn wir stattdessen Böses getan haben?
Habt ihr Vorschläge?

Bibel übertragen
Ihr braucht: ein paar Stifte, ein großes Blatt Papier und einen dicken Edding
Einer aus der Familie, der gut malen kann, malt mit dem dicken Edding einen großen leeren Koffer auf das Blatt Papier. Legt das Bild von dem Koffer so vor euch auf den Tisch, das jeder gut auf das Bild malen oder schreiben kann.
Überlegt kurz und malt oder schreibt dann in den Koffer, wie ihr im neuen Jahr Böses durch Gutes überwinden könntet.

Gebet ■

2. Gott ruft Gideon
Bibeltext: Richter 6,11-24

Gebet

Zum Einstieg

Stellt euch vor: Ihr sitzt als Familie beim Abendessen und teilt euch ein einziges trockenes Brötchen, das vom Vortag übrig geblieben ist. Ihr habt noch einen Rest Butter und ein hartes Stück Käse, das mehr Rinde als Käse ist. Da klingelt es an der Tür. Einer von euch macht auf und bringt einen Mann in Anzug und Krawatte und mit Aktentasche in die Küche.
„Guten Abend, ihr überglückliche Familie", sagt der Mann. „Ihr habt eine Million Euro gewonnen."
Wie würdet ihr reagieren? Lest die Antworten und legt euch auf eine fest.

a. Vater sagt: „Ach wirklich? Wer soll das denn glauben? Schauen Sie sich doch mal auf unserem Tisch um: Wir teilen uns ein einziges trockenes Brötchen. Wie könnten wir überglücklich sein? Von der Million spüren wir nicht die Bohne."

b. Mutter sagt: „Tatsächlich? Seit Wochen stopfe ich schon Löcher in den Socken, weil wir uns keine neuen leisten können. Und bei unseren Verwandten betteln wir um alte Kleidung für die Kinder. Von einer Million habe ich nichts gemerkt."

c. Kinder sagen: „Quatsch! Hätten wir eine Million, würden wir Spielsachen in unserem Zimmer finden. Aber die Kisten und Kästen sind leer. Wir basteln unser Spielzeug aus Stöcken und Steinen, die wir draußen finden. Und damit sollen wir überglücklich sein?"

Frage an alle
Wie findet ihr die Antworten?
Würdet ihr lieber eine andere Antwort geben?
Welche?

Bibel lesen: Richter 6,11-24

Was vorher geschah
Mose hatte das Volk Gottes aus der Sklaverei in Ägypten in das Land Kanaan geführt. Dort hatten alle zwölf Stämme Israels einen Platz gefunden, an dem sie Häuser bauen, Siedlungen gründen, Acker- und Weideland anlegen konnten. Mose war gestorben und Josua, sein Nachfolger, auch. Ständig waren die Israeliten den Überfällen und Angriffen der umliegenden feindlichen Völker ausgesetzt.

Lest den Bibeltext in verteilten Rollen. Einer aus der Familie ist der Erzähler. Zwei andere Familienmitglieder lesen das, was der Engel/was Gott und was Gideon sagen.

Bibel entdecken

Textentdeckerwürfel
Nehmt den Textentdeckerwürfel (siehe Anhang) und würfelt euch durch die biblische Geschichte.

Bibel erklären

Frage an alle
Ist Gideon frech? Was meint ihr?
Wenn es tatsächlich so ist, dass Gideon den Engel Gottes nicht erkannt hat, dann ist Gideon zu Recht sehr vorsichtig (Vers 13.15.17). Seit Jahren leben die Menschen aus dem Volk Israel schon in ständiger Gefahr, von den umliegenden feindlichen Völkern angegriffen zu werden. Ist doch klar, dass Gideon sich über die Begrüßung wundert. Er hat recht: Wäre Gott mit seinem Volk, würde es ihnen nicht so schlecht gehen.
Gideon will ganz sicher gehen. Deshalb zögert er auch, als der Engel ihm einen großen Auftrag gibt und Gottes Beistand bei diesem Auftrag verspricht.
Denkt noch mal an den Mann mit der Million. So lange die Familie nicht wissen kann, ob er die Wahrheit sagt und erleben muss,

dass sie kein Geld hat, kann sie ihm keinen Glauben schenken. Gideon geht es ähnlich. Erst, als der Engel sich ihm unmissverständlich zeigt, versteht Gideon: Gott meint es ernst mit ihm (Vers 22).

Gebet ∎

---

3. Gott geht mit Gideon
Bibeltext: Richter 7,1-8

Gebet

Zum Einstieg

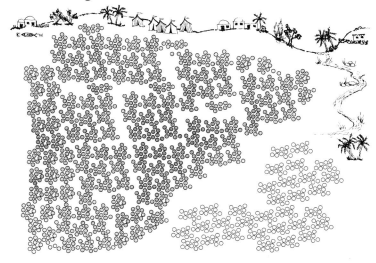

Schaut euch das Bild an. Stellt euch vor, das wären zwei Heere, die sich zum Kampf gegeneinander aufstellen. Links steht das eine Heer, rechts das andere. Jeder der kleinen Punkte steht für 100 Kämpfer. Könnt ihr ausrechnen, welches der beiden Heere zahlenmäßig überlegen ist?

Wie sieht die Situation aus, wenn von dem kleineren Heer auf einmal 22.000 Kämpfer nach Hause gehen, weil sie Angst vor der Schlacht haben? Streicht 220 Punkte weg. Wie viele bleiben noch übrig?

Wie sieht die Situation aus, wenn von dem kleineren Heer nun noch einmal 9700 Kämpfer weggehen? Streicht 97 Punkte weg. Wie viele bleiben nun noch übrig?

Schaut euch an, wie groß das Heer auf der linken Seite und wie klein das Heer auf der rechten Seite ist.

Frage an alle
Auf welches Heer würdet ihr setzen, wenn es um den Sieg in der Schlacht geht?

Bibel lesen: Richter 7,1-8a

Was vorher geschah
Gideon, ein Mann aus dem Volk Israel, hat Besuch von einem Engel Gottes bekommen. Er hat den Auftrag erhalten, das Volk der Israeliten gegen die Überfälle und Angriffe der umliegenden feindlichen Völker zu verteidigen. Gott hat Gideon versprochen, ihn bei dieser schweren Aufgabe zu unterstützen. Gideon ist zum Anführer der israelischen Streitmacht geworden. Nun führt er sein Heer in die Schlacht gegen das Volk der Midianiter.

Lest den biblischen Bericht und spielt gleichzeitig im Koffer-Theater dazu.

 Koffer-Theater
Ihr braucht: das Koffer-Theater (siehe Anhang), Papier und Pappe, Holzstäbe, Scheren, Kleber, Stifte

Malt ein sehr großes, ein mittelgroßes und ein winzig kleines Heer auf die Pappe, dazu Gideon. Schneidet die vier Figuren (-gruppen) aus und klebt sie unten an einen Holzstab. Für das Bühnenbild könnt ihr ein paar Bäume, Sträucher und einen kleinen Teich gut brauchen. Klebt das Bühnenbild in das Koffer-Theater.

Einer aus der Familie liest nun den biblischen Bericht. Die anderen spielen gleichzeitig im Koffer-Theater dazu.

Bibel entdecken
Schaut euch noch einmal die beiden Heere vom Einstieg in dieses Bibellese-Abenteuer an.
Wie groß ist die Übermacht der midianitischen Streitmacht?
Frage an alle
Wie findet ihr es, dass Gideon seine Streitmacht von 32.000 Mann auf 300 Mann verkleinern muss?

Bibel erklären
Frage an alle
Warum soll Gideon seine Streitmacht immer kleiner machen?
Tipp: Lest noch einmal Vers 9.
Gibt es vielleicht noch eine Streitmacht auf der Seite der Israeliten, die man nicht sehen kann?

Bibel übertragen
Frage an alle
Gab es Situationen in eurem Leben, in denen ihr euch unterlegen gefühlt habt?
Kann euch der Gedanke helfen, dass es eine Hilfe gibt, die man nicht sehen kann?

Gebet ■

4. Gott schenkt Gideon den Sieg
Bibeltext: Richter 7,16-22

Gebet

Zum Einstieg

Was vorher geschah
Gideon, ein Mann aus dem Volk Israel, hat Besuch von einem Engel Gottes bekommen. Er hat den Auftrag erhalten, das Volk der Israeliten gegen die Überfälle und Angriffe der umliegenden feindlichen Völker zu verteidigen. Gott hat Gideon versprochen, ihn bei dieser schweren Aufgabe zu unterstützen. Gideon ist zum Anführer der israelischen Streitmacht geworden. Nun führt er sein Heer in die Schlacht gegen das Volk der Midianiter. Aber von den 32.000 Mann, die er mit sich genommen hat, hat Gott nur noch 300 Männer übrig gelassen. Die anderen 31.700 Mann sind wieder nach Hause gegangen.

Frage an alle
Ihr braucht: ein Blatt Papier, ein paar Stifte
Die Streitmacht der Midianiter lagert in einem weiten Tal, das von Hügeln umgeben ist. Überlegt euch gemeinsam, wie Gideon nun den Kampf führen kann. Welche Vorteile kann er sich verschaffen? Hat er überhaupt eine Chance? Ihr könnt aufmalen und aufschreiben.

Bibel lesen: Richter 7,16-22

Kisten-Kino
Ihr braucht: das Kisten-Kino (siehe Anhang), einige Blätter Papier, Buntstifte, einen Tacker
Malt folgende Szenen je auf ein Blatt Papier:

Bild 1 – Ein Tal von Hügeln umgeben. Es ist Nacht. Im Tal sind Zelte zu sehen, in denen Kämpfer schlafen. Ein paar Nachtwachen sind unterwegs und auf drei der Hügel steht je eine Gruppe von Kämpfern. In den Händen halten sie Krüge und Hörner (Trompeten).
Bild 2 – Ein Tal von Hügeln umgeben. Es ist Nacht. Im Tal sind Zelte zu sehen, in denen Kämpfer schlafen. Ein paar Nachtwachen sind unterwegs. Von drei Hügeln stürmen die drei Gruppen hinunter ins Tal. Einige sind schon im Lager angekommen. Sie blasen in die Hörner und schwenken Fackeln.
Bild 3 - Ein Tal von Hügeln umgeben. Es ist Nacht. Im Tal sind Zelte zu sehen. Viele Kämpfer laufen in großer Panik umher. Die Kämpfer im Tal fliehen. Mitten unter ihnen rennen die Kämpfer von den Hügeln umher.
Heftet die drei Bilder in der richtigen Reihenfolge seitlich aneinander und fügt noch ein Blatt vorab und abschließend ein, auf das ihr einmal „Start" und einmal „Ende" schreibt.
Nun kann es losgehen. Seht euch die Bilder im Kisten-Kino an, während einer aus der Familie den Bericht vorliest.

Bibel entdecken

Vergleicht die Strategie, die Gott Gideon aufträgt, mit euren Einfällen.
Was machen Gideon und seine 300 Männer?
Was macht Gott?

Bibel erklären

Das ist ein starkes Stück. Die 300 Männer aus dem Volk Israel brauchen noch nicht einmal ihr Schwert zu ziehen. Sie überraschen die Kämpfer der Midianiter mitten in der Nacht und tun so, als wären sie nicht 300, sondern viele Tausend Kämpfer. Gott sorgt dafür, dass die Kämpfer der Midianiter in Panik geraten. Nun ist allen klar: Gott ist es, der Gideon und dem Volk Israel den Sieg gegeben hat.

Gott hat sein Versprechen gehalten. Blättert noch einmal zurück und lest in Kapitel 6 den Vers 16. Gott steht zu seinem Wort.

Bibel übertragen

 Kostbare Verse
Ihr braucht: Eine kleine Kladde (ein kleines Heft), einen dicken Edding, farbige Stifte

Schreibt mit dem Edding „Kostbare Verse" vorne auf den Umschlag. Schreibt mit den farbigen Stiften einen Vers aus einer der drei biblischen Geschichten auf, den ihr besonders gut findet. Vielleicht ist es der Vers aus Richter 6,16a?
Überlegt gemeinsam, wie euch dieser Vers im Alltag helfen kann.

Gebet ■

5. Rut und Noomi
Bibeltext: Rut 1,1-17

Gebet

Zum Einstieg
Wisst ihr, was ein Stammbaum ist?
Ein Stammbaum zeigt, wer von wem abstammt, also wer der Sohn von welchem Vater ist, der wiederum der Sohn von welchem Vater ist.
Ihr braucht: ein großes Blatt Papier, farbige Stifte
Einer aus der Familie, der gut malen kann, malt einen großen Baum mit breiten Ästen auf das Blatt. Ein Elternteil beginnt und zeichnet mit einem farbigen Stift die eigene Abstammungslinie (die eigenen Geschwister mit Kindern und Eltern mit Geschwistern) ein. Nun fügt der andere Elternteil mit einer anderen Farbe seine eigene Abstammungslinie hinzu. Die Kinder schreiben sich selber zu den Eltern.
Malt ein Kreuz zu den Familienmitgliedern, die bereits gestorben sind.

Frage an die Kinder
Kennt ihr alle Familienmitglieder?
Fragt eure Eltern, welches Familienmitglied aus einem anderen Land stammt.
Gibt es jemanden, der etwas Verrücktes erlebt oder etwas Ungewöhnliches getan hat?

Bibel lesen: Rut 1,1-17
Lest zuerst die Verse 1-5.

Bibel entdecken
Stammbaum malen
Ihr braucht: ein großes Blatt Papier, farbige Stifte
Malt noch einen großen Baum auf ein Blatt Papier. Zeichnet nun die Familie rund um Noomi ein. Schreibt dazu, woher die Menschen stammen. Malt ein Kreuz zu den Menschen, die bereits gestorben sind.

Bibel lesen: Rut 1,1-17
Lest jetzt die Verse 6-15.
Lest mit verteilten Rollen. Einer aus der Familie liest den Erzähltext, zwei andere lesen das, was Noomi und ihre Schwiegertöchter sagen.

Bibel entdecken
Was macht Rut?
Noomi hat ihre Schwiegertochter Rut aufgefordert, in ihrem Heimatland zu bleiben und sie alleine nach Israel zurückkehren zu lassen. Nun muss Rut eine Entscheidung treffen.
Überlegt gemeinsam
Was würdet ihr an Stelle von Rut tun?
Was würdet ihr Rut raten?
Stimmt ab: Geht Rut mit Noomi oder bleibt sie in ihrem Heimatland?

Bibel lesen: Rut 1,1-17
Lest jetzt die Verse 16+17.

Bibel entdecken
 Drei Gesichter
Nehmt euch das Zustimmungs-, Ablehnungs- und Weiß-nicht-genau - Gesicht (siehe Anhang) und legt die drei Gesichter vor euch auf den Tisch. Wählt nacheinander eines der Gesichter aus und kommentiert, was Rut, Orpa und Noomi in dieser Geschichte tun. Das älteste Kind der Familie beginnt. Eure Sätze könnten so beginnen:
Ich finde gut, dass ...
Ich finde nicht gut, ...
Ich weiß nicht genau, warum ...

Bibel erklären
In der Zeit der Bibel kümmerten sich die Kinder um die Eltern, wenn diese alt wurden. Es gab im Volk Israel auch die Regel, dass eine junge Witwe nur dann noch einmal heiraten konnte, wenn ein Verwandter ihres verstorbenen Mannes sie zu seiner Frau nahm. Diese Regel galt im Volk, aus dem Rut und Orpa stammten, nicht. Rut geht den schweren Weg: Sie übernimmt

Verantwortung für ihre Schwiegermutter und zieht mit ihr. Sie muss davon ausgehen, dass es keinen neuen Mann für sie geben wird und sie nach dem Tod von Noomi selber mittellos dasteht. Ganz schön stark.

Bibel übertragen

Kostbare Verse
Ihr braucht: euer Buch „Kostbare Verse" und einen Stift.

Findet ihr in dem heutigen Bibeltext einen Vers, den ihr besonders gut findet? Dann schreibt ihn in euer Buch.
Kann euch der Vers auch im Alltag helfen? Wie?

Gebet ■

---

6. Rut verliebt sich
Bibeltext: Rut 2,7-18

Gebet

Zum Einstieg
Linsen sammeln
Ihr braucht: eine Packung getrocknete Linsen, eine saubere Plastikplane (dünn, aus dem Baumarkt, Zeitung geht auch), für jeden in der Familie ein kleines Gefäß, Strohhalme, eine Stoppuhr, eine Waage
Breitet die Plastikplane oder die Zeitung auf dem Boden aus. Verstreut die Linsen großzügig verteilt auf die Plane. Jeder in der Familie bekommt einen Strohhalm und ein kleines Gefäß. Auf Kommando habt ihr eine Minute Zeit, um Linsen mit dem Strohhalm anzusaugen und in eurer Gefäß zu befördern. Wiegt anschließend, wer die meisten Linsen gesammelt hat.

Bibel lesen

Was vorher geschah
Noomis Mann und ihre beiden Söhne sind gestorben. In dem Land Moab, in das sie mit ihrer Familie gegangen war, will Noomi nicht bleiben. Sie zieht zurück in ihre Heimat Israel. Ihre Schwiegertochter Rut begleitet sie. Wovon sollen sie nun leben?

Krempel-Kiste
Ihr braucht: In beinahe jedem Kinderzimmer steht eine Krempel-Kiste. Eine echte Krempel-Kiste ist voll mit Spielsachen, mit denen nur noch selten gespielt wird. Habt ihr auch eine Krempel-Kiste? Holt euch die Kiste und sucht euch daraus eine Figur Rut, eine Figur Noomi, eine Figur Boas (ein Mann), ein paar Arbeiter, einen Vorarbeiter und etwas, mit dem ihr ein Feld darstellen könnt. Wenn ihr auch noch ein wenig Spiel-Geschirr habt, seid ihr bestens ausgestattet zum Nachspielen der biblischen Geschichte.
Einer aus der Familie liest die Geschichte, die anderen spielen gleichzeitig dazu.

Bibel entdecken
Textentdeckerwürfel
Nehmt den Textentdeckerwürfel (siehe Anhang) und würfelt euch durch die biblische Geschichte.

Bibel erklären
Getreide sammeln
In Israel war es üblich, sich um die armen Menschen im Volk zu kümmern. So gab man z. B. den Armen Almosen (ein wenig Geld) und ließ sie zur Erntezeit auf den Feldern hinter den Arbeitern hergehen. Sie durften aufsammeln und behalten, was die Arbeiter liegen ließen.

Herkunft Boas

Lest den Vers 20 aus Kapitel 4. Ahnt ihr etwas? Boas ist ein Verwandter von Noomis verstorbenem Mann. Er könnte Rut heiraten (er wird Löser genannt).

Bibel übertragen

Kostbare Verse

Ihr braucht: euer Buch „Kostbare Verse" und einen Stift.

Findet ihr in dem heutigen Bibeltext einen Vers, den ihr besonders gut findet? Dann schreibt ihn in euer Buch.

Kann euch der Vers auch im Alltag helfen? Wie?

Gebet ∎

---

7. Rut heiratet
Bibeltext: Rut 4,1-12

Gebet

Zum Einstieg
Papa und Mama erzählen
Die Eltern der Familie erzählen, wie sie sich kennengelernt haben. Hat es einen Heiratsantrag gegeben? Wie war das? Wer hat wen gefragt?

Bibel lesen: Rut 4,1-12

Was vorher geschah
Noomis Mann und ihre beiden Söhne sind gestorben. In dem Land Moab, in das sie mit ihrer Familie gegangen war, will Noomi nicht bleiben. Sie zieht zurück in ihre Heimat Israel. Ihre Schwiegertochter Rut begleitet sie. Auf dem Feld von Boas sammelt Rut Getreide ein. Rut und Boas mögen sich. Von Noomi erfährt Rut, dass Boas ein Verwandter der Familie ist. Er könnte Rut heiraten. Aber es gibt auch noch einen anderen Kandidaten.

Koffer-Theater
Ihr braucht: das Koffer-Theater (siehe Anhang), ein paar Blatt Papier oder Pappe, Holzstäbe, Scheren, Stifte, Kleber

Malt eine Figur Boas, einen Mann, eine Gruppe von Männern und einen Schuh auf das Papier oder die Pappe und schneidet sie aus. Klebt sie an das Ende der Holzstäbe. Wenn ihr wollt, könnt ihr noch ein Bühnenbild erstellen. Die biblische Geschichte spielt an einem Stadttor.

Einer aus der Familie liest die Geschichte, die anderen spielen gleichzeitig dazu.

Bibel entdecken
Ganz schön kompliziert!
Ihr braucht: Stifte, Papier, Schere

Malt Boas, den anderen Löser, Rut, Noomis Mann Ebimelech, Noomis Sohn Machlon und ein Feld auf das Papier und schneidet alles einzeln aus. Malt zu Ebimelech und Machlon ein Kreuz als Zeichen dafür, dass sie bereits gestorben sind.
Legt nun auf dem Tisch wie folgt: Auf der einen Seite liegen Noomi und ihr Mann Ebimelech nebeneinander, darunter der Sohn Machlon und neben ihm Rut. Legt auch das Feld zu dieser Familie. Legt Boas und den anderen Löser auf die andere Seite.

Schritt 1
Ebimelech und sein Sohn Machlon sind gestorben. Noomi und ihre Schwiegertochter Rut kehren in Noomis Heimat Israel zurück.
Legt Noomi, Rut und das Feld in die Mitte.

Schritt 2
Rut sammelt auf dem Feld von Boas Ähren ein, um sich und ihre Schwiegermutter Noomi zu versorgen. Boas und Rut mögen sich. Weil Boas ein Verwandter der Familie ist, dürfte er Rut heiraten. Nach den Regeln im Volk Israel darf eine junge Witwe nur dann noch einmal heiraten, wenn ein Verwandter der Familie sie zur Frau nimmt.
Legt Boas zu Rut und rückt sie ein wenig von Noomi weg.

Schritt 3
Boas möchte Rut gerne heiraten. Aber es gibt noch einen anderen Verwandten der Familie, der Rut ebenfalls heiraten könnte. Weil er ein näherer Verwandter ist als Boas, hat er das Vorrecht.
Nehmt Boas von Ruts Seite und legt den anderen Löser zu Rut.

Schritt 4
Boas will die Angelegenheit regeln. Er trifft sich mit dem anderen Löser und einer Gruppe von Zeugen am Stadttor. So war es üblich, wenn wichtige Entscheidungen getroffen werden mussten.
Legt Boas, den Löser und das Feld zusammen an eine Seite.

Schritt 5
Boas geht clever vor. Weil das Feld aus dem Besitz der Familie zu

dem Erbe gehört, das Rut mitbekommen würde, bietet er dem anderen Löser zuerst das Feld an. Von Rut weiß der andere Löser noch nichts.
Legt das Feld zum anderen Löser.

Schritt 6
Zuerst stimmt der andere Löser zu. Als Boas erklärt, dass es nicht nur um das Feld, sondern auch um Rut geht, macht der andere Löser einen Rückzieher und lässt Boas den Vortritt. Würde er das Feld erwerben, müsste er auch für die ganze Familie sorgen (auch für Noomi) und zudem Nachkommen zeugen. Denen würde das Feld später gehören. Dieser Preis ist dem anderen Löser zu hoch. Mit seinem Schuh übergibt der andere Löser symbolisch sein Recht an Boas.
Legt Rut, Boas und das Feld zusammen. Legt Noomi dazu.

Bibel erklären

Stammbaum Rut zu Jesus
Schaut euch die Verse 18-22 im Kapitel 4 an. Die Moabiterin Rut wird aufgrund ihrer großen Treue Teil des Stammbaums bis zu König David. Später wird sogar Jesus in diesem Stammbaum erscheinen.

Bibel übertragen

Kostbare Verse
Ihr braucht: euer Buch „Kostbare Verse" und einen Stift.
Findet ihr in dem heutigen Bibeltext einen Vers, den ihr besonders gut findet? Dann schreibt ihn in euer Buch.
Kann euch der Vers auch im Alltag helfen? Wie?

Gebet ■

8. Ester wird Königin
Bibeltext: Ester 2,8-18

Gebet

Zum Einstieg

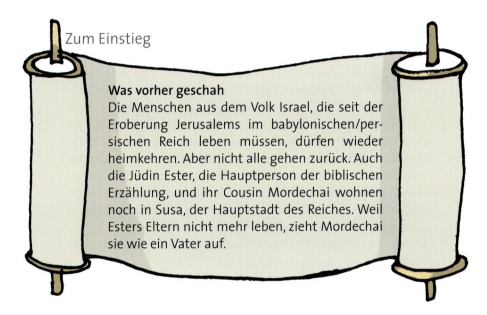

Was vorher geschah
Die Menschen aus dem Volk Israel, die seit der Eroberung Jerusalems im babylonischen/persischen Reich leben müssen, dürfen wieder heimkehren. Aber nicht alle gehen zurück. Auch die Jüdin Ester, die Hauptperson der biblischen Erzählung, und ihr Cousin Mordechai wohnen noch in Susa, der Hauptstadt des Reiches. Weil Esters Eltern nicht mehr leben, zieht Mordechai sie wie ein Vater auf.

Auf dem Fest
Im Palast von König Xerxes wird ein großes Fest gefeiert. In einer Weinlaune will der König seine Frau, Königin Waschti, den anderen Gästen zur Schau stellen. Doch die weigert sich. König Xerxes verstößt Königin Waschti und macht sich auf die Suche nach einer neuen Königin.

Bibel lesen: Ester 2,8-18
Geheime Information
Die folgende geheime Information ist nur für alle Leser und Hörer des biblischen Textes bestimmt.

Über den Juden im babylonischen/persischen Reich braut sich großes Unheil zusammen. Doch Gott weiß dies. Er sorgt dafür, dass schon jetzt Ereignisse geschehen, die später Gottes Volk vor der Bedrohung retten werden. Achtet heute darauf, welche Person in welche Position gebracht wird. Merkt euch folgende Begriffe: Ester, Jüdin, Königin

Kisten-Kino

Ihr braucht: das Kisten-Kino (siehe Anhang), einige Blätter Papier, Buntstifte, einen Tacker

Für das Kisten-Kino können bis zu sechs Bilder entstehen, mindestens müssen die Bilder 1, 3 und 6 vorhanden sein. Sind die Bilder fertig, werden sie seitlich aneinander geheftet. Als erstes Bild wird noch ein Blatt mit dem Schriftzug „Start" und zum Abschluss noch ein Blatt mit dem Schriftzug „Fortsetzung folgt" angefügt. Nun wird die Bilderreihe ins Kisten-Kino eingefädelt. Während einer die Verse liest, werden die Bilder nacheinander durchgezogen.

Bild 1: Ester als gewöhnliches Mädchen auf dem Weg zu einem Palast
Bild 2: Ein Diener nimmt Ester in Empfang
Bild 3: Ester wird festlich gekleidet und zurechtgemacht
Bild 4: Ester wird zum König gebracht
Bild 5: Ester gefällt dem König
Bild 6: Ester wird Königin

Bibel entdecken

Textentdeckerwürfel

Nehmt den Textentdeckerwürfel (siehe Anhang) und würfelt euch durch die biblische Geschichte.

Bibel erklären

König Xerxes

König Xerxes war ein sehr mächtiger Herrscher. Es war üblich, dass mächtige Herrscher nicht nur mit einer Frau lebten, sondern viele Frauen hatten. Ester wird aber zu einer besonderen Frau unter den vielen Frauen: Sie wird die Königin an der Seite von König Xerxes.

Das Geheimnis von Ester
Ester verrät niemandem, dass sie zu Gottes Volk gehört, eine Jüdin ist. Im babylonischen/persischen Reich gibt es immer wieder Feindschaft gegen die Juden, die nicht in ihre Heimat Israel zurückkehren. Ester fürchtet, dass sie Nachteile erleiden muss, wenn sie über ihre Herkunft berichtet.

Gebet ■

---

9. Ester und ihr ganzes Volk kommen in Gefahr
Bibeltext: Ester 4,1-17

Gebet

Zum Einstieg

Was vorher geschah
Wisst ihr noch, was bisher mit Ester geschehen ist? Dann könnt ihr sicherlich die richtigen Wörter in den Lückentext einfügen. Die Menschen aus dem Volk _____, die seit der Eroberung _____ im babylonischen/persischen Reich leben müssen, dürfen wieder heimkehren. Aber nicht alle gehen _____. Auch die _____ Ester, die Hauptperson der biblischen Erzählung, und ihr _____ Mordechai, wohnen noch in _____, der Hauptstadt des Reiches. Weil Esters _____ nicht mehr leben, zieht Mordechai sie wie ein Vater auf. König _____ hat seine _____ Waschti verstoßen. Ester wird die neue Königin an der Seite von König Xerxes.

> Israel, Susa,
> zurück, Königin,
> Eltern, Jüdin,
> Xerxes, Cousin,
> Jerusalems

Bibel lesen: Ester 4,1-17
Geheime Information
Die folgende geheime Information ist nur für alle Leser und Hörer des biblischen Textes bestimmt.

> Über den Juden im babylonischen/persischen Reich braut sich großes Unheil zusammen. Doch Gott weiß dies. Er sorgt dafür, dass schon jetzt Ereignisse geschehen, die später Gottes Volk vor der Bedrohung retten werden. Lest als geheime Information die drei Verse aus Ester 2,21-23. Wer rettet wem das Leben? Merkt euch folgende Begriffe: Mordechai, Lebensretter, König Xerxes

Lest zuerst die Verse 1-3.

Bibel entdecken
Was ist geschehen?
Erinnert ihr euch an eure geheimen Informationen?
Wie kann es sein, dass M_____ so traurig ist, wenn er doch der L_____ von K_____ X_____ ist? (Ester 2,21-23)
Wie kann es sein, dass alle Juden im Land so traurig sind, wenn doch E_____, die selber eine J_____ aus dem Volk Gottes ist, K_____ ist? (Ester 2,10+17)

Überlegt gemeinsam
Was kann der Grund dafür sein, dass Mordechai und alle Juden im Land trauern müssen?

Bibel lesen
Lest jetzt die Verse 4-8.

Bibel entdecken
Was ist geschehen?
Könnt ihr inzwischen die drei folgenden Fragen beantworten?
Was ist der Grund für die Trauer? (Vers 8a)
Wer hat etwas mit dem Erlass zu tun? (Vers 7)
Was soll Königin Ester tun?

Haman
Wenn ihr etwas über Haman herausfinden wollt, könnt ihr Ester 3,1-6 lesen. Dort erfahrt ihr, wer Haman ist und wie es zu dem schrecklichen Erlass kam.

Bibel lesen
Lest jetzt die Verse 9-17.

Bibel entdecken
Was wird geschehen?
Was wird wohl geschehen, wenn Königin Ester zu König Xerxes geht, obwohl er sie nicht zu sich gerufen hat?
Was wird König Xerxes tun, wenn er erfährt, dass Ester Jüdin ist und ebenso getötet werden soll wie Mordechai, der ihm das Leben gerettet hat?

Überlegt gemeinsam
Wie hätte sich Haman verhalten, wenn er euer geheimes Wissen gehabt hätte? Hätte er auch dann bei König Xerxes den Erlass zur Ausrottung aller Juden im Land erwirkt, wenn er gewusst hätte, dass Königin Ester selber Jüdin ist und ihr Cousin Mordechai, den Haman bestrafen will, dem König das Leben gerettet hat?

Bibel erklären
Bei mächtigen Herrschern war es (und ist es manchmal) so, dass sie nur dann besucht werden durften, wenn sie eine Audienz gewährt hatten. Das galt auch für die eigene Königin. Königin Ester riskiert ihr Leben, wenn sie ohne Einladung zu ihrem König geht.

Bibel übertragen

Kostbare Verse
Ihr braucht: euer Buch „Kostbare Verse" und einen Stift.

Findet ihr in dem heutigen Bibeltext einen Vers, den ihr besonders gut findet? Dann schreibt ihn in euer Buch.
Kann euch der Vers auch im Alltag helfen? Wie?

Gebet ■

---

10. Ester rettet ihr Volk
Bibeltext: Ester 6,14-7,7

Gebet

Zum Einstieg
Ja-Nein - Stühle
Ihr braucht: zwei Stühle, zwei Zettel, einen roten und einen grünen dicken Stift

Stellt einen Stuhl an die eine Seite des Raumes und einen zweiten Stuhl an die andere Seite. Schreibt mit dem grünen Stift „Ja" auf den einen Zettel und mit dem roten Stift „Nein" auf den anderen und legt je einen Zettel auf einen der Stühle. Die folgenden Aussagen lassen sich mit „Ja" oder „Nein" beantworten. Setzt euch alle auf den Stuhl, der eure Antwort trägt.

1. Ester und Mordechai gehören zum Volk Israel. Sie sind Juden.
   Richtige Antwort: Ja.
2. Ester und Mordechai leben in der Hauptstadt Jerusalem.
   Richtige Antwort: Nein. Sie gehören zu den Menschen aus dem Volk Israel, die in babylonische Gefangenschaft geraten sind. Sie leben in der Hauptstadt des babylonischen/persischen Reiches. Sie heißt Susa.

3. Ester und Mordechai sind Vater und Tochter.
   Richtige Antwort: Nein. Sie sind Cousin und Cousine. Weil Ester keine Eltern mehr hat, kümmert sich Mordechai wie ein Vater um sie.
4. Ester ist die Königin des Landes.
   Richtige Antwort: Ja. König Xerxes hat seine Königin verstoßen und Ester als neue Königin ausgewählt.
5. Alle wissen, dass Ester Jüdin ist.
   Richtige Antwort: Nein. Weil die Juden in dem fremden Land immer wieder Nachteile erleiden mussten, hatte Ester niemandem erzählt, dass sie zu Gottes Volk gehört.
6. Mordechai hat König Xerxes das Leben gerettet.
   Richtige Antwort: Ja. Zwei Wachen wollten einen Anschlag auf König Xerxes verüben. Mordechai hat dies gehört und den König durch seine Cousine Ester warnen lassen.
7. Alle Juden im fremden Reich sind in großer Gefahr.
   Richtige Antwort: Ja. Der hohe Minister Haman hat sich geärgert, weil Mordechai ihm nicht gehuldigt hat wie alle anderen Untertanen des Reiches. Weil Mordechai Jude ist, will Haman alle Juden umbringen lassen.

Bibel lesen: Ester 6,14-8,2
Geheime Information
Die folgende geheime Information ist nur für alle Leser und Hörer des biblischen Textes bestimmt.

> Über den Juden im babylonischen/persischen Reich braut sich großes Unheil zusammen. Doch Gott weiß dies. Gott hat alles so vorbereitet, dass Hamans Plan scheitern muss. Merkt euch drei Begriffe: Haman, Galgen, Frieden

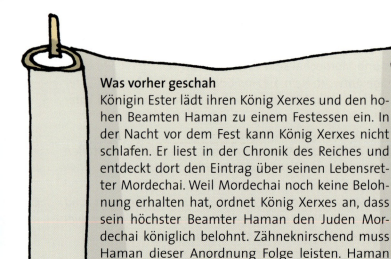

Was vorher geschah
Königin Ester lädt ihren König Xerxes und den hohen Beamten Haman zu einem Festessen ein. In der Nacht vor dem Fest kann König Xerxes nicht schlafen. Er liest in der Chronik des Reiches und entdeckt dort den Eintrag über seinen Lebensretter Mordechai. Weil Mordechai noch keine Belohnung erhalten hat, ordnet König Xerxes an, dass sein höchster Beamter Haman den Juden Mordechai königlich belohnt. Zähneknirschend muss Haman dieser Anordnung Folge leisten. Haman ahnt, dass sein Plan, alle Juden umbringen zu lassen, scheitern könnte. Am folgenden Abend sitzen Königin Ester, König Xerxes und Haman beim Festessen zusammen.

Lest die Verse 6,14 bis 7,6.
Einer aus der Familie liest den Erzähltext, zwei andere Familienmitglieder lesen das, was Ester und König Xerxes sagen.

Bibel entdecken
Erinnert euch: Haman wusste nicht, dass Königin Ester ebenfalls Jüdin ist. Kein Wunder, dass er nun entsetzt ist.
Überlegt gemeinsam: Was wird König Xerxes tun?

Bibel lesen: Ester 6,14-8,2
Lest nun die Verse 7,7-8,2
Lest in verteilten Rollen. Einer aus der Familie liest den Erzähltext, zwei andere lesen das, was König Xerxes und Harbona sagen.

Bibel erklären
Ein königlicher Erlass konnte nicht zurückgenommen werden. So konnte auch König Xerxes seinen Erlass, alle Juden umzubringen, nicht einfach für ungültig erklären. Aber er erließ eine andere Anordnung. Sie erlaubte den Juden ausdrücklich, sich gegen jeden zu wehren, der ihnen Schaden zufügen wollte.

Ist euch aufgefallen, dass Gott in der gesamten Geschichte von Ester nicht ein einziges Mal erwähnt wird? Und doch wird an jeder Stelle in der Geschichte sichtbar, dass Gott sein Volk schützt und begleitet.

Bibel erklären
Erzählt euch von Situationen, in denen ihr Gottes Schutz erlebt habt.

Gebet ■

11. David wird zum König gesalbt
Bibeltext: 1 Samuel 16,1-13

Gebet

Zum Einstieg
Frage an alle
Auf dem Bild sind viele unterschiedliche Gegenstände zu sehen. Welche Gegenstände passen zu David? Reihum zeigt nacheinander jedes Familienmitglied auf einen Gegenstand und erklärt kurz, warum er zu David gehört.

Bibel lesen: 1 Samuel 16,1-13
Merkwürdiger Auftrag

UCNDG FCXKF ÖWO MAPKI!

Das Alphabet findet ihr im Anhang.

Wer bekommt diesen seltsamen Auftrag? Wo findet er diesen David? Und warum ist der Auftrag geheim?
Was vorher geschah
Das Volk Israel hatte sich im Land Kanaan niedergelassen. Jeder der zwölf Stämme hatte ein eigenes Gebiet zugesprochen bekommen. Zuerst hatten Propheten das Volk Israel geführt, dann hatten sich die Israeliten einen König gewünscht. Samuel, Gottes Prophet, hatte Saul zum König gesalbt. Aber Saul war ein schlechter König. Er hörte nicht auf Gottes Weisungen.
Lest 1 Samuel 16,1-13.
Lest den Bibeltext mit verteilten Rollen. Einer ist der Erzähler und liest allen Text, der nicht wörtliche Rede ist. Einer liest das, was Gott sagt, einer das, was Samuel sagt und einer das, was Isai sagt.

Bibel entdecken

Textentdeckerwürfel
Nehmt den Textentdeckerwürfel (siehe Anhang) und würfelt euch durch die biblische Geschichte.

Bibel erklären
Außen und innen sehen
Ihr braucht: ein paar Blätter Papier, Stifte
Wie ist das gemeint, was Gott in Vers 7b sagt? Malt auf je ein Blatt den Umriss eines Menschen. Schreibt über den einen Umriss „sieben Söhne von Isai" und über den anderen „David". Sucht im biblischen Bericht zuerst nach Aussagen über die sieben Söhne von Isai und schreibt das, was ihr findet, in den Körperumriss. *Tipp:* Ihr findet dazu in Vers 7 die wichtigen Aussagen. Sucht jetzt nach Aussagen über David und schreibt das, was ihr findet, in den Körperumriss. *Tipp:* Ihr findet die wichtigen Aussagen in Vers 12.
Frage an alle
Erklärt das, was ihr in den Körperumrissen stehen habt, schon das, was Gott in Vers 7b meint? Was von dem ist außen an einem Menschen und kann mit dem Auge gesehen werden? Was davon ist innen in einem Menschen und muss anders wahrgenommen werden?

Herz füllen

> FCXKF JCV MNCTG CWIGP.

Das Alphabet findet ihr im Anhang.
Zugegeben: Der Hinweis ist im biblischen Text versteckt. Wenn jemand klare Augen hat, dann sieht man in seinen Augen, wie er ist. Man kann ihm „bis ins Herz sehen". Aber was heißt das? Malt in den Körperumriss von David ein Herz. Überlegt nun gemeinsam, was Gott in Davids Herzen gesehen haben könnte. Eine Eigenschaft von David ist besonders wichtig:

> FCXKF XGTVTCWV CWH IQVV.

Das steht zum Beispiel in 1 Samuel 17,45. Das Alphabet findet ihr im Anhang.
Frage an alle
Warum ist das eine besonders wichtige Herzenseigenschaft?

Bibel übertragen
Was bedeutet der Vers 7b für euch? Was bedeutet dies für den Umgang mit anderen Menschen? Vervollständigt die folgenden Sätze:
Wenn es Gott nicht wichtig ist, wie ich aussehe, sondern wie mein Herz ist, dann ...
Wenn es Gott nicht wichtig ist, wie ein Mensch aussieht, sondern wie sein Herz ist, dann ...
Das älteste Familienmitglied fängt an.

Gebet

Tipp
Eine Nacherzählung der biblischen Geschichte findet sich im Internet auf www.bibellesebund.de/Bibellese-Abenteuer. ∎

12. David kämpft gegen Goliat
Bibeltext: 1 Samuel 17,12-30

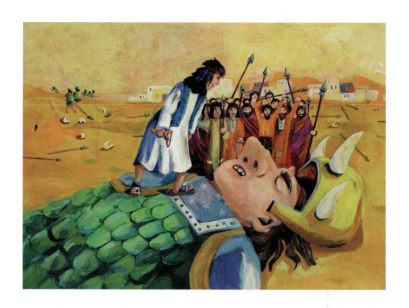

Gebet

Zum Einstieg
Wichtiger Auftrag
David bekommt einen Auftrag von seinem Vater Isai. Wie lautet er?

IGJ ÖW FGKPGP DTBFGTP KPU NCIGT!

Das Alphabet findet ihr im Anhang.
Wo sind die Brüder von David? Was für ein Lager ist gemeint?

Bibel lesen: 1 Samuel 17,41-50

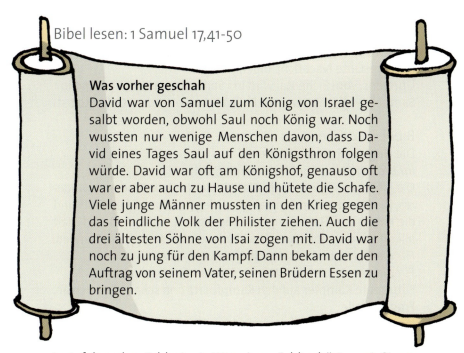

Was vorher geschah
David war von Samuel zum König von Israel gesalbt worden, obwohl Saul noch König war. Noch wussten nur wenige Menschen davon, dass David eines Tages Saul auf den Königsthron folgen würde. David war oft am Königshof, genauso oft war er aber auch zu Hause und hütete die Schafe. Viele junge Männer mussten in den Krieg gegen das feindliche Volk der Philister ziehen. Auch die drei ältesten Söhne von Isai zogen mit. David war noch zu jung für den Kampf. Dann bekam der den Auftrag von seinem Vater, seinen Brüdern Essen zu bringen.

Lest folgenden Fehlertext. Wer einen Fehler hört, sagt Stopp und korrigiert den Fehler.
David besiegt Goliat
Auf dem Schlachtfeld im Eichental treten sich David und Goliat gegenüber. Goliat ist voll Verachtung für David und ruft ihm zu: „Was willst du mit deinem Stock? Bin ich vielleicht ein Esel?" Dann spottet er: „Komm nur her! Dein Fleisch will ich den Fröschen und Kröten zu fressen geben."
Doch David antwortet: „Du trittst gegen mich an mit Säbel, Spieß und Bratpfanne. Ich aber komme im Namen Gottes, des Herrschers der Welt, den du verhöhnt hast. Gott wird dich in meine Hand geben und ich werde dich töten. Daran wird die ganze Welt erkennen, dass das Volk Israel einen Gott hat, der es beschützt."
Xerxes geht vorwärts und kommt auf Daniel zu. David humpelt ihm entgenen, greift in seine Schultasche, zieht einen Stein heraus, schleudert ihn und trifft den Philister Goliat am Fuß. Der Stein durchschlägt den Nagel am großen Zeh und Goliat stürzt vornüber zu Boden. Als die Philister sehen, dass ihr stärkster Mann tot ist, gehen sie zum Angriff über und besiegen das Volk Israel.

Lest 1 Samuel 17,41-50.
Überprüft, ob ihr alle und die richtigen Fehler gefunden habt (Vorlage Gute Nachricht-Bibel).
Übrigens: Vom Eichental wird in 1 Samuel 17,19 berichtet und in 1 Samuel 17,51b steht, was die Philister tun, nachdem Goliat tot ist.

Bibel entdecken
Die Ungleichheit der Waffen
Ihr braucht: ein paar Blätter Papier, Stifte
Die Eltern nehmen sich ein Blatt Papier und die Kinder ein anderes. Die Eltern malen den riesigen Krieger Goliat auf ihr Blatt und die Kinder den Hirtenjungen David. Schaut in den Text und malt alles dazu, was Goliat und David mit auf den Kampfplatz bringen.
Für die Eltern: Lest zusätzlich 1 Samuel 17,4-7
Für die Kinder: Lest zusätzlich 1 Samuel 17,37b-40
Führt eure Kämpfer auf den Kampfplatz und schaut sie euch an.
Frage an alle
Wenn ihr betrachtet, wie die beiden Kämpfer ausgestattet sind, auf wen würdet ihr für den Sieg wetten?

Bibel erklären
Geheimnis von David
David hat eine besondere Waffe, mit der er Goliat besiegen kann. Könnte es etwas mit dem Herzen von David zu tun haben?

> FCXKF XGTVTCWV CWH IQVV.

Das Alphabet findet ihr im Anhang.
David hat die beste Hilfe, die es überhaupt nur geben kann. Er vertraut auf Gott. Es geschieht, was in Vers 46b steht:

> Die ganze Welt wird erkennen,
> dass das Volk Israel einen Gott hat,
> der es beschützt.

Bibel übertragen
Zur Zeit der Bibel ist Goliat ein furchterregender Riese, der allen Kämpfern aus dem Volk Israel Angst einjagt und großen

Schrecken verbreitet. Heute könnte Goliat etwas anderes sein. Was denn?
Frage an alle
Gibt es einen Goliat in deinem Leben? Wie kann dir Davids Geheimnis helfen?
Das älteste Kind darf zuerst antworten.

Gebet

Tipp
Eine Nacherzählung der biblischen Geschichte findet sich im Internet auf www.bibellesebund.de/Bibellese-Abenteuer. ■

---

13. David und Jonatan werden Freunde
Bibeltext: 1 Samuel 17,55-18,5

Gebet

Zum Einstieg
Frage an alle
Hast du eine beste Freundin/einen besten Freund?
Was magst du an ihr/ihm?

Geheime Botschaft
David bekommt eine Nachricht:

> KEJ JCDG FKEJ UG NKGD YKG OGKP GKIGPGU NGDGP.

Das Alphabet findet ihr im Anhang.
Frage an alle
Wenn ihr eine solche Nachricht bekommen würdet, von wem würde sie kommen können?
Die Kinder antworten zuerst.

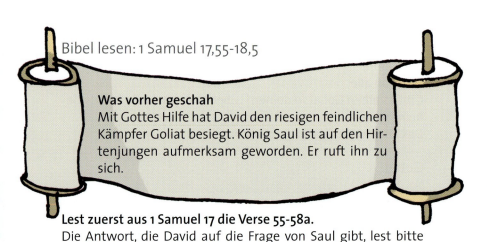

Bibel lesen: 1 Samuel 17,55-18,5

Was vorher geschah
Mit Gottes Hilfe hat David den riesigen feindlichen Kämpfer Goliat besiegt. König Saul ist auf den Hirtenjungen aufmerksam geworden. Er ruft ihn zu sich.

Lest zuerst aus 1 Samuel 17 die Verse 55-58a.
Die Antwort, die David auf die Frage von Saul gibt, lest bitte noch nicht.

Bibel entdecken
Was soll David über sich aussagen?
Ihr braucht: ein paar Blätter Papier, Stifte
Jeder schreibt die Antwort, die er an Davids Stelle gegeben hätte, auf. Reihum werden die Antworten vorgelesen, das jüngste Kind darf beginnen.
Welche Antwort gibt David?

> KEJ DKP FGT UQJP FGKPGU FKGPGTU KUCK.

Das Alphabet findet ihr im Anhang.
Frage an alle
Wie findet ihr das, was David antwortet?

Bibel lesen: 1 Samuel 17,55-18,5
Lest jetzt aus 1 Samuel 18 die Verse 1-2.

Bibel entdecken
Warum fühlt sich Jonatan zu David hingezogen?
Ist das nicht merkwürdig? Aufgrund der Antwort, die David gibt, fühlt sich Jonatan zu ihm hingezogen. Wieso?
Überlegt, wie Jonatan reagiert hätte, wenn David König Saul eine der folgenden Antworten gegeben hätte:
a. Ich komme aus der großartigen Familie Isai. Ich bin der allerbeste Krieger, den du je gesehen hast. Hast du mitbekommen,

wie ich den Goliat besiegt habe? Ich bin echt ein toller Hecht.
b. Ich bin der nächste König von Israel. Das wollte ich dir schon lange mal gesagt haben. Also mach die Fliege und lass mir die Krone hier.
c. Das geht dich gar nichts an. Das bleibt mein Geheimnis. Aber warte nur, eines Tages wirst du mit mir noch dein blaues Wunder erleben.

Jonatan hätte David für überheblich, größenwahnsinnig oder komisch gehalten. David bleibt bescheiden. Das mag Jonatan an David.

Bibel lesen: 1 Samuel 17,55-18,5
Lest jetzt aus 1 Samuel 18 die Verse 3-5.

Bibel entdecken
Wie zeigt Jonatan David seine Freundschaft?

Bibel erklären
David beweist durch sein Verhalten, dass Gott eine gute Wahl getroffen hat. Nach seinem Sieg über Goliat hätte er allen Grund gehabt, groß aufzutrumpfen und sich selber in den Vordergrund zu stellen. Das tut David nicht. Er bleibt bescheiden. Er weiß, dass Gott ihm den Sieg über Goliat gegeben hat. Jonatan, der Sohn Sauls, mag David wegen seiner Bescheidenheit und bietet ihm die Freundschaft an. Er sagt ihm, wie gern er ihn hat und schenkt ihm Dinge, die ihm selber wichtig sind. Weil David auf Gott vertraut, gelingt ihm alles, was er tut.

Bibel übertragen
Was sollten Freunde füreinander tun?
Ihr braucht: Jeder braucht zwei kleine Karten. Auf die eine Karte schreibt ihr „Ja", auf die andere Karte „Nein". Sagt mit den Karten „Ja" oder „Nein" zu den folgenden Aussagen, was Freunde füreinander tun oder nicht tun sollten. Derjenige, der eine andere Karte als die anderen aus der Familie hochhält, darf erklären.
a. Freunde sagen einander, dass sie sich gut leiden können.
b. Freunde teilen miteinander.
c. Freunde lügen sich an.
d. Freunde vertrauen einander.

e. Freunde lassen sich im Stich.
f. Freunde vergeben einander.
g. Freunde machen alles miteinander, auch wenn es um Dinge geht, die falsch sind.
h. Freunde beten füreinander.
i. Freunde verpetzen sich nicht (es sei denn, es geht um schlechte Geheimnisse).
j. Freunde beschenken sich.

Kannst du heute einem Freund zeigen, dass du ihn magst?

Gebet ∎

---

14. David muss fliehen
Bibeltext: 1 Samuel 20,24-42

Gebet

Zum Einstieg
Geheime Botschaft
David bekommt eine Warnung:

HNKGJ XQT UCWN!

Das Alphabet findet ihr im Anhang. Wer warnt David? Warum soll er fliehen?

Bibel lesen: 1 Samuel 20,24-42

Was vorher geschah
David ist von König Saul zum Heerführer ernannt worden. Weil David auf Gott vertraut, gelingt ihm alles, was er tut. Er erringt Sieg um Sieg. König Saul wird eifersüchtig auf David. Er beschließt, David zu töten. Doch König Sauls Sohn Jonatan warnt seinen Freund David.

Lest zuerst die Verse 24-39.
Lest den Text mit verteilten Rollen. Einer liest den Erzähltext, drei lesen das, was Saul, Jonatan und David sagen.

Bibel entdecken
Versteht ihr das? Was ist das denn für ein komisches Geheimzeichen, das David und Jonatan abgesprochen haben? Es hat etwas mit dem Pfeil zu tun.

> HNKGIV FGT RHGKN YGKV, OWUU FCXKF HNKGJGP.

Das Alphabet findet ihr im Anhang.
Welches geheime Zeichen hat Jonatan David also gegeben?

Bibel lesen: 1 Samuel 20,24-42
Lest nun die Verse 40-42.

Bibel entdecken
Frage an alle
Warum kniet David vor Jonatan?
Was versprechen sich die Freunde?

Drei Gesichter
Nehmt euch das Zustimmungs-, Ablehnungs- und Weiß-nicht-genau – Gesicht (siehe Anhang) und legt die drei Gesichter vor euch auf den Tisch. Wählt nacheinander eines der Gesichter aus und kommentiert die folgenden Fragen.

a. Wie findet ihr es, wie Saul sich David gegenüber verhält?
b. Wie findet ihr, wie Saul sich Jonatan gegenüber verhält?
c. Wie findet ihr, wie Jonatan sich David gegenüber verhält?
Gerne könnt ihr erklären, warum ihr das jeweilige Gesicht hochgehalten habt. Das jüngste Kind beginnt.

Bibel erklären
Ob Saul verstanden hat, dass Gott auf Davids Seite ist? Vermutlich nicht. Deshalb will er David ans Leben. Ganz schön stark, was Jonatan macht. Sein Vater Saul hat recht (Vers 30+31). Zwar muss Jonatan nicht fürchten, dass David ihm etwas antun wird, um neuer König in Israel zu werden. Aber wenn David König wird, kann Jonatan seinem Vater Saul nicht auf den Thron nachfolgen. Während Saul alles versucht, um David zu beseitigen, verhält sich Jonatan ganz anders. Er weiß, dass sein Vater sich falsch verhält. Er steht zu seinem Freund David und warnt ihn. Das ist stark.

Bibel übertragen
Kostbare Verse

Ihr braucht: euer Buch „Kostbare Verse" und einen Stift.
Findet ihr in dem heutigen Bibeltext einen Vers, den ihr besonders gut findet? Dann schreibt ihn in euer Buch. Kann euch der Vers auch im Alltag helfen? Wie?

Gebet ■

15. David verschont Saul
Bibeltext: 1 Samuel 24,1-23

Gebet

Zum Einstieg
Anschleichen
Ihr braucht: einen Schatz, ein Tuch und eine kleine Rassel oder Schelle
Einer aus der Familie ist der Schatzwächter und einer der Dieb. Der Schatzwächter bekommt die Augen verbunden, sodass er nichts mehr sehen kann. Den Schatz legt er vor sich zwischen seinen Füßen auf den Boden. Der Dieb nimmt die Rassel oder Schelle so in die Hand, dass leicht ein Geräusch entsteht. Dann schleicht er sich an den Schatz an und versucht, diesen zu greifen. Hört der Schatzwächter ein Geräusch, kann er versuchen, den Dieb abzuschlagen.
Wichtig: Bei diesem Spiel muss es ansonsten sehr leise sein.

Geheime Botschaft

FCXKF KUV KP FGT DGTIYBUVG.

Das Alphabet findet ihr im Anhang.
Wer bekommt diese Nachricht? Und was macht er damit?

Bibel lesen: 1 Samuel 24,1-23

Was vorher geschah
David ist immer noch auf der Flucht. Mit wenigen treuen Männern versteckt er sich vor dem eifersüchtigen König Saul in einer Höhle irgendwo in den Bergen. König Saul erfährt von Davids Versteck. Mit einer schwer bewaffneten Truppe macht er sich auf den Weg, um David aufzuspüren und ihn umzubringen.

Koffer-Theater
Ihr braucht: das Koffer-Theater (siehe Anhang), Pappe und Papier, ein paar Holzstäbe, Schere, Kleber, Stifte
Schneidet aus Pappe und Papier Figuren für David, Saul, ein paar Männer von Saul (Gruppe) und ein paar Männer von David (Gruppe) aus. David hat ein Schwert und Saul einen weiten Umhang. Richtet im Koffer-Theater eine Höhle ein.
Während einer aus der Familie die Geschichte liest, spielen die anderen Familienmitglieder dazu.
Lest zuerst die Verse 1-5a.

Bibel entdecken
Überlegt gemeinsam, was David nun tun soll.
Das jüngste Kind macht einen Vorschlag.

Bibel lesen: 1 Samuel 24,1-23

Koffer-Theater
Lest nun die Verse 5b bis 16.

Bibel entdecken
Beratet, ob das, was David getan hat, wirklich klug war.
Überlegt, was Saul nun tun wird.

Bibel lesen: 1 Samuel 24,1-23

Koffer-Theater
Lest nun die Verse 17-23.

Bibel entdecken

Textentdeckerwürfel
Nehmt den Textentdeckerwürfel (siehe Anhang) und würfelt euch durch die biblische Geschichte.

Bibel erklären
Frage an alle
Was wäre mit Davids Herz passiert, wenn er Saul nun getötet hätte?
Hätte Gott dann noch zu David halten können?

David beweist durch sein Verhalten, dass Gott eine gute Wahl getroffen hat. Er verschont Saul. Schließlich ist Saul immer noch der von Gott eingesetzte König Israels. David weiß: Seine Zeit wird kommen. Das weiß nun auch König Saul. Er versteht: Ja, David ist der von Gott ausgesuchte neue König für das Volk Israel.

Bibel übertragen
David verzichtet auf seine Rache an König Saul, obwohl dieser ihm richtig übel mitgespielt hat und ihn sogar umbringen wollte. Kann dir das zu einem guten Beispiel werden?

Gebet ■

16. Eine Frau ehrt Jesus
Bibeltext: Johannes 12,1-8

Gebet

Zum Einstieg
Bildbetrachtung
Schaut euch still den Bildausschnitt an. Jeder wählt sich einen kleinen Teil auf dem Bild aus, den er besonders schön, interessant oder merkwürdig findet und merkt ihn sich. Jetzt tippt ihr alle gleichzeitig auf den Teil, den ihr ausgewählt habt.
Hat sich jeder einen anderen Ausschnitt ausgesucht? Oder wollten viele Finger auf denselben Fleck?
Nacheinander sagt ihr, was ihr an dem kleinen Teil des Bildes, den ihr gewählt habt, besonders schön, interessant oder merkwürdig findet. Noch sollen keine Fragen gestellt oder Antworten gegeben werden. Das älteste Familienmitglied beginnt.

Bibel lesen: Johannes 12,1-8

Was vorher geschah
Jesus hat sich gemeinsam mit seinen Freunden und vielen anderen Menschen auf den Weg nach Jerusalem gemacht. Bald wird das Passafest gefeiert. Bei diesem Fest erinnern sich die Menschen aus dem Volk Israel an den Auszug aus der Sklaverei in Ägypten. Jesus ist traurig. Er weiß, dass ihm eine schwere Zeit bevorsteht. In Jerusalem wird er gefangen genommen und gekreuzigt werden. Auf dem Weg nach Jerusalem machen Jesus und seine Freunde in dem Ort Betanien einen Besuch bei den Geschwistern Maria, Marta und Lazarus.

Lest zuerst die Verse 1-3.

Bibel entdecken
Frage an das jüngste Familienmitglied
Hast du eine Idee, warum Maria das kostbare Öl über die Füße von Jesus laufen lässt und danach mit ihren Haaren die Füße trocknet?

Bibel erklären
Salben mit Salböl
Manche Handlungen, von denen in der Bibel berichtet wird, haben eine besondere Bedeutung. Das trifft auch für das zu, was Maria mit dem kostbaren Öl tut. Solche Öle wurden zur Zeit der Bibel für zwei besondere Handlungen verwendet. Wenn jemand neuer König wurde, wurde dies durch eine Salbung deutlich gemacht. Man goss kostbares Öl über seinen Kopf. Das war für alle Untertanen das Zeichen dafür, dass der neue König den Thron bestieg. Maria salbt Jesus als Zeichen dafür, dass er der neue König für alle Menschen ist. Mit wohlriechenden Ölen und Salben wurde auch der Körper von einem verstorbenen Menschen

eingerieben. Das war so üblich. Maria salbt Jesus als Zeichen dafür, dass sein Weg nach Jerusalem ein Weg in den Tod ist.
Frage an alle
Was denkt ihr? Wollte Maria Jesus zum König salben und auf den Weg in den Tod vorbereiten? Wollte sie Jesus vielleicht einfach nur zeigen, wie sehr sie ihn lieb hatte?

Bibel lesen: Johannes 12,1-8
Lest jetzt die Verse 4-8.

Bibel entdecken
Frage an alle
Wie findet ihr, was Judas sagt und tut?

Bibel erklären
Ganz schön gemein
Judas versteht nicht, was Maria tut. Er denkt nur an seinen eigenen Vorteil. Das Salböl war wertvoll. Gerne hätte Judas den Gewinn aus dem Verkauf in die eigene Tasche gesteckt. Und jetzt tut er sogar noch so, als würde er damit den Armen etwas Gutes tun wollen. Ganz schön gemein.
Jesus versteht, was Maria tut. Er fällt nicht auf Judas herein. Er weiß, dass Maria ihm etwas Gutes tut. Das hilft ihm auf seinem schweren Weg, den er vor sich hat. Jesus weiß, dass Marias Handlung eine besondere Bedeutung hat. Deshalb lässt er zu, dass Maria ihn mit dem Öl salbt.

Bibel übertragen
Kostbare Verse
Ihr braucht: euer Buch „Kostbare Verse" und einen Stift. Findet ihr in dem heutigen Bibeltext einen Vers, den ihr besonders gut findet? Dann schreibt ihn in euer Buch. Kann euch der Vers auch im Alltag helfen? Wie?

Gebet

Tipp
Eine erzählte Geschichte zur guten Nacht zu diesem Bibeltext findet sich unter www.bibellesebund.de/Bibellese-Abenteuer. ∎

17. Jesus feiert das Abschiedsmahl
Bibeltext: Matthäus 26,20-30

Gebet

Zum Einstieg
Spiel: Andersrum
Stellt euch in einen kleinen Kreis. Nehmt euch bei den Händen und beginnt, langsam in eine Richtung im Kreis zu gehen. Einer von euch (der wird nicht bestimmt, sondern tut es einfach) beginnt plötzlich, in die andere Richtung zu gehen. Was passiert? Gelingt es ihm, die anderen im Kreis in die andere Richtung zu ziehen?

Bibel lesen: Matthäus 26,20-30

Was vorher geschah
Jesus hat mit seinen Freunden den Besuch in Betanien beendet und ist nach Jerusalem gegangen. Hier bereitet er sich gemeinsam mit seinen Freunden auf das Passafest vor.

Bibel entdecken
Jesus und Judas, Verse 20-25
Habt ihr eine Antwort auf folgende Frage?

> Warum unternimmt Jesus nichts gegen Judas,
> wenn er doch weiß, dass Judas ihn verraten will?

Bevor ihr eine Antwort gebt, lest noch einmal die Verse 26-28.

Brot und Wein, Verse 26-29
Denkt noch mal an das Spiel Andersrum. Alle waren im Kreis unterwegs und plötzlich zieht einer in die andere Richtung. Das war komisch, oder? Eine solche Unterbrechung gibt es auch hier. Jesus feiert mit seinen Freunden das Passamahl. Bestimmt haben sie es so gefeiert, wie es üblich ist: Sie haben sich mit der Hilfe von besonderen Speisen und Geschichten an die Befreiung ihres Volkes aus der Sklaverei in Ägypten erinnert. Die Abfolge des Festes haben sie bestimmt eingehalten. Doch plötzlich macht Jesus das, was einer von euch vorhin im Kreis gemacht hat. Er stoppt die Bewegung und macht etwas Neues. Was tut er? Und warum tut er das?

Bibel erklären

Manche Handlungen, von denen in der Bibel berichtet wird, haben eine besondere Bedeutung. Das trifft auch für das zu, was Jesus mit Brot und Wein tut. Jesus verwendet Brot und Wein als Beispiele, um etwas zu erklären. Seine Freunde damals und alle Menschen seitdem sollen besser verstehen können, warum Jesus am Kreuz sterben und am dritten Tag auferstehen musste.

Frage an die Kinder in der Familie
Denkt ihr, dass Jesus das Brot als Beispiel gewählt hat, weil es
a. das wichtigste Nahrungsmittel der damaligen Zeit war, oder
b. besonders gut schmeckte?
Mit Antwort a liegt ihr richtig. Jesus vergleicht seinen Körper, der leiden muss, mit dem Brot, das auseinandergebrochen wird. Brot war und ist lebenswichtig. Wie das Brot, das wir Menschen essen, uns das Leben ermöglicht, so ermöglicht Jesus uns

Menschen durch seinen Tod und seine Auferstehung das Leben mit Gott.

Frage an die Kinder der Familie
Denkt ihr, dass Jesus den Wein als Beispiel gewählt hat, weil er
a. gerade auf dem Tisch stand, oder
b. ein besonderes Getränk ist?
Mit Antwort b liegt ihr richtig. Jesus vergleicht sein Blut, das er am Kreuz vergießt, mit dem Wein, der sich in dem Kelch auf dem Tisch befindet.

Andersrum
Ob die Freunde von Jesus bemerkt haben, dass auf einmal beim Passafest ein neues Fest entsteht? Erinnert ihr euch an die Geschichte vom Auszug aus Ägypten? Der, der sie weiß, soll sie erzählen.
Beim Auszug aus der Sklaverei in Ägypten hatte das Blut eines Lammes eine besondere Bedeutung. Es schützte die Menschen, die es an die Türpfosten gestrichen hatten, und sorgte dafür, dass sie in die Freiheit gehen durften. Jesus wird selber zu einem solchen Lamm. Dadurch, dass Jesus am Kreuz stirbt und aufersteht, werden wir Menschen von einem Leben ohne Gott befreit und können anfangen, mit Gott zu leben.

Bibel übertragen
Wir feiern in der Kirche oder Gemeinde immer wieder das Fest des Abendmahls. Brot und Wein (Saft) helfen uns dabei zu verstehen, was Jesus für uns getan hat. Jesus hat nichts gegen Judas unternommen und sich nicht gewehrt, weil er den schweren Weg ans Kreuz für alle Menschen gehen wollte. Darüber freuen wir uns.

Gebet

Tipp
Eine erzählte Geschichte zur guten Nacht zu diesem Bibeltext findet sich unter www.bibellesebund.de/Bibellese-Abenteuer. ∎

18. Jesus wird verhaftet
Bibeltext: Matthäus 26,45-56

Gebet

Zum Einstieg
Experiment: Stricke und Netze

Ihr braucht: weiche Stricke, ein Glas mit Getränk, ein Teller mit einer Scheibe Brot, Brotaufstrich, Messer, ein Blatt Papier und Buntstifte
Mit einem weichen Strick lassen sich die Familienmitglieder, die sich trauen, die Hände fest zusammenbinden. Dann versuchen sie, aus dem Glas zu trinken, sich das Brot zu schmieren oder ein kleines Bild zu malen. Dabei berichten sie, welche Schwierigkeiten sich ergeben. Wie fühlt man sich, wenn die Hände gebunden sind?

Bibel lesen: Matthäus 26,45-56

Was vorher geschah
Nach dem besonderen Abendessen gehen Jesus und seine Freunde zum Ölberg und dort in einen Garten mit dem Namen Getsemani. Hier wollen sie den Rest der Nacht verbringen. Jesus hat große Angst und ist sehr traurig, weil er weiß, dass er bald am Kreuz sterben wird. Er geht an eine stille Stelle in dem Garten und redet lange mit Gott, seinem Vater im Himmel. Schließlich ist Jesus bereit, den schweren Weg auf sich zu nehmen. Als er zu seinen Freunden zurückkommt, entdeckt er, dass sie tief schlafen.

Lest den Bibeltext Matthäus 26,45-56.
Lest den Text in drei Rollen. Dabei liest einer den Erzähltext, einer liest das, was Judas sagt, und einer liest das, was Jesus sagt.

Bibel entdecken
Frage an alle
Welche Personen kommen in dem biblischen Bericht vor? Was tun sie?
Die Rollensprecher erzählen noch einmal im Wechsel der Handlung nach, was ihre Person tut und sagt. Die drei Rollen „Bewaffnete", „Jünger" und „Bevollmächtigter des Obersten Priesters" werden zudem vergeben.
Frage an alle
Gibt es etwas, was ihr merkwürdig findet?
Die Rollenerzähler betrachten die Person, deren Rolle sie übernommen haben, und erzählen, was ihnen merkwürdig vorkommt.
Frage an alle
Warum tun die Personen, was sie tun?
Die Rollenerzähler versuchen, das Handeln der Person ihrer Rolle zu erklären.

Bibel erklären
In der Bibel wird nicht berichtet, ob die Bewaffneten, die Jesus festnehmen, ihm die Hände gefesselt haben. Jesus lässt die Gefangennahme nicht nur geschehen, er fordert Judas und dessen Begleiter sogar dazu auf: _____
(Vers 50). Ganz schön stark, oder?
Jesus weiß, dass er den richtigen Weg geht, auch wenn es schwer ist. Er sagt: _____ (Vers 54b).

Bibel übertragen
Diese Geschichte aus der Bibel gehört zu Jesus und seinen Freunden und den anderen im Garten Getsemani. Dort hat sie ihre besondere Bedeutung. Jesus wird von Judas verraten und von seinen Freunden im Stich gelassen.
Jeder Mensch ist traurig, wenn er verraten und im Stich gelassen wird. Jedem Menschen tut es gut, wenn er in einer schweren Situation unterstützt wird. Welche Menschen kennt ihr, die Unterstützung in einer schwierigen Situation brauchen können? Was könnt ihr tun?

Gebet

Tipp
Eine erzählte Geschichte zur guten Nacht zu diesem Bibeltext findet sich unter www.bibellesebund.de/Bibellese-Abenteuer. ■

19. Jesus steht von den Toten auf
Bibeltext: Matthäus 28,1-10

Gebet

Zum Einstieg

Das Kreuz
Das Kreuz ist ein trauriges Zeichen.
Es erzählt eine traurige Geschichte.
Es erzählt davon, dass Jesus sterben muss.

Das Kreuz ist ein starkes Zeichen.
Es erzählt eine starke Geschichte.
Es erzählt davon, dass Gott stärker als der Tod ist.

Das Kreuz ist ein hoffnungsvolles Zeichen.
Es erzählt von dem neuen Leben.
Jeder Mensch darf ein neues Leben mit Gott leben.

Frage an alle
Was geht dir durch den Kopf, wenn du ein Kreuz siehst? Woran musst du denken?
Das älteste Kind kann zuerst antworten.

Bibel lesen: Matthäus 28,1-10

Was vorher geschah
Jesus ist nach seiner Gefangennahme zu den Machthabern gebracht und dort verhört worden. Schließlich wurde er an ein hölzernes Kreuz auf dem Hügel Golgota gehängt. Dort starb er. Josef aus Arimathäa, ein wohlhabender Freund von Jesus, der nicht zu dem engsten Kreis der Freunde gehörte, bestattete Jesus in einer Grabeshöhle.

Lest zuerst Vers 1.

Bibel entdecken
Frage an alle
Was ist das für eine Gestalt? Was macht sie dort?
Wen hatten die Frauen eigentlich erwartet?

Bibel lesen: Matthäus 28,1-10
Lest jetzt die Verse 2-8.

Bibel entdecken
Frage an die Kinder
Was denkt ihr: Was geschieht als Nächstes?

Bibel lesen: Matthäus 28,1-10
Lest jetzt die Verse 9-10.

Bibel erklären
Frage an alle
Jesus spricht die Frauen an. Was sagt er nach der Begrüßung?

(Vers 10a).

Setzt die fehlenden Worte ein
Überlegt gemeinsam und einigt euch auf eine der unten angegebenen Gefühlsregungen.

Es ist eine Achterbahnfahrt der Gefühle, die die Frauen erleben. Es geht auf und ab. Als sie zum Grab gehen, sind sie sehr _____. Jesus war gestorben. Am Grab sind die Frauen _____, als Gottes Engel zu ihnen kommt. Ob sie begreifen können, was der Engel zu ihnen sagt? Und schließlich sind sie so _____, dass sie vor Jesus auf die Knie gehen müssen. Ob sie sich auch schon _____ können?
traurig, freuen, erschrocken, überrascht

Bibel übertragen
Frage an die Kinder
Wisst ihr, was sich die Menschen am Ostermorgen zusprechen? Sie sagen:
„Jesus, der Herr, ist auferstanden."
„Er ist wahrhaftig auferstanden."
Fragt doch mal eure Eltern, was das Ostererlebnis für sie bedeutet.

Gebet

Tipp
Eine erzählte Geschichte zur guten Nacht zu diesem Bibeltext findet sich unter www.bibellesebund.de/Bibellese-Abenteuer.

Hinweis
Auf dem Osterbild zu Beginn der vier Bibellese-Abenteuer in der Passions- und Osterzeit sind nicht nur Bilder zu den vier biblischen Berichten abgebildet. Es finden sich dort noch andere Szenen. Kennt ihr die biblischen Berichte zu diesen Szenen? ∎

20. David erfährt vom Tod Sauls und Jonatans
Bibeltext: 2 Samuel 1,1-12

Gebet

Zum Einstieg
Frage an alle
Wie ist es, wenn man lange auf ein großartiges Ereignis gewartet hat und dieses Ereignis findet endlich statt?

Bibel lesen: 2 Samuel 1,1-12

Was vorher geschah
Setzt die richtigen Wörter in den Lückentext ein.
David, der _____, war vom Propheten _____ zum neuen _____ von ganz Israel gesalbt worden. Gott selbst hatte es so gewollt. Zu dieser Zeit war aber ein anderer König: _____. Nachdem _____ den feindlichen Riesen Goliat besiegt hatte, kam er bei König Saul in den Dienst und wurde _____. Jonatan, der _____ von König Saul, wurde Davids bester _____. Weil David auf Gott vertraute, gelang ihm alles, was er tat. König Saul wurde _____ auf David und beschloss, ihn zu _____. Aber Jonatan warnte seinen Freund. David konnte _____ und versteckte sich in einer _____. Er verzichtete sogar darauf, König Saul _____ zuzufügen, als sich die Gelegenheit dazu bot.

> Hirtenjunge, Schaden, David, Sohn, Freund, eifersüchtig, Saul, Heerführer, töten, Höhle, fliehen, Samuel, König

Eine schlimme gute Nachricht
David hat lange auf diesen Moment gewartet. Nun ist er da. Aber er beginnt mit einer schlimmen guten Nachricht.

> UCWN WPF LQPCVCP UKPF VQV.

Das Alphabet findet ihr im Anhang.

Lest zuerst die Verse 1-10.

Bibel entdecken

Die schlimme gute Nachricht, die der Bote überbringt, wird sichtbar, ohne dass der Bote ein einziges Wort sprechen muss. Schaut euch mal an, wie der Bote gekleidet ist und was er tut, als er vor David steht (Vers 2):

So sieht der Bote aus: Seine Kleider sind zerrissen und er hat Erde auf dem Kopf.
Das jüngste Kind wird gefragt: Was bedeutet das?
a. Der Bote hat sich durch Dornen gekämpft und sich im Schlamm versteckt.
b. Der Bote hat nichts zum Anziehen und er lebt in einem Erdloch.
c. Der Bote hat aus großer Trauer seine Kleider zerrissen und sich Erde auf den Kopf gestreut.

Die zerrissenen Kleider und die Erde auf dem Kopf sind ein Zeichen für große Trauer. Als David den Boten sieht, weiß er: Es ist etwas Schreckliches passiert.

Das tut der Bote: Er fällt vor David auf den Boden.
Das jüngste Kind wird gefragt: Was bedeutet das?
a. Der Bote ist so müde, dass er nicht aufrecht stehenbleiben kann.
b. Der Bote ist sehr hungrig und hat ein Stück Brot auf dem Boden entdeckt.
c. Der Bote behandelt David so, als wäre David ein König. Vor Königen fällt man auf den Boden.

Der Bote tut tatsächlich so, als sei David ein König. David braucht die Nachricht eigentlich nicht mehr zu hören. Er weiß: Wenn er wie der neue König behandelt wird, muss der alte König, Saul, tot sein.

Frage an alle
Was wird David nun tun?

Bibel lesen: 2 Samuel 1,1-12
Lest nun die Verse 11+12.

Bibel entdecken
Frage an alle
Wundert ihr euch über das, was David tut?
Lest noch einmal Vers 12.
Könnt ihr euch vorstellen, warum David auch um Saul trauert?

Bibel erklären
David
Für David ist die Nachricht keine schlimme *gute* Nachricht. Die Nachricht ist einfach nur schlimm. Dass David König werden würde, wusste er seit vielen Jahren. Nun trauert er
– um Jonatan, seinen besten Freund.
– um Saul, den von Gott bestimmten König.
– um viele Männer aus dem Volk Israel.
David beweist ein weiteres Mal, dass er ein guter König ist. Er freut sich nicht darüber, dass König Saul, der ihm übel mitgespielt hat, nun endlich tot ist. Davids Trauer ist aufrichtig. Er trauert um den König, den Gott als seinen Vorgänger auf den Thron gesetzt hatte.

Bibel übertragen

Kostbare Verse
Ihr braucht: euer Buch „Kostbare Verse" und einen Stift.
Findet ihr in dem heutigen Bibeltext einen Vers, den ihr besonders gut findet? Dann schreibt ihn in euer Buch.
Kann euch der Vers auch im Alltag helfen? Wie?

Gebet ∎

21. David wird König über ganz Israel
Bibeltext: 2 Samuel 5,1-12

Gebet

Zum Einstieg
Königliche Insignien

Insignien sind Gegenstände oder Kleidungsstücke, die eine besondere Bedeutung haben. Auf dem Bild seht ihr die Insignien, die zu einem König gehören. Nacheinander kann jeder auf einen solchen Gegenstand oder ein Kleidungsstück zeigen und die Beschreibung vorlesen, die dazu passt. Helft einander dabei.

Der *Reichsapfel* ist ein Zeichen für die Welt und das Kreuz darüber ein Zeichen für die von Gott verliehene Herrschaft.

Die *Krone* erhebt den König über die anderen Fürsten.

Der *Schemel* gehört zum Thron. Er hebt die Füße des Königs vom Boden, auf dem seine Untertanen laufen.

Der *Mantel* ist kostbar gemacht. Er ist ein Zeichen für den Schutz Gottes.

Das *Hermelinfell* darf nur der König an seiner Kleidung haben. Das Hermelin (Tier) war ein Zeichen für Reinheit. Man nahm an, dass es lieber sterben würde als sein Fell zu beschmutzen.

Das *Zepter* ist ein Richterstab. Der König bestimmt auch über das Recht und kann verurteilen und freisprechen.

Das *Schwert* hat der König zum Schutz seines Reiches. Früher waren viele Könige auch Ritter von Beruf.

Bibel lesen: 2 Samuel 5,1-12

Was vorher geschah
König Saul und sein Sohn Jonatan, Davids bester Freund, sind in der Schlacht gefallen. Vor vielen Jahren hat der Prophet Samuel den Hirtenjungen David bereits zum König für das Volk Israel gesalbt.

Bibel entdecken

Textentdeckerwürfel
Nehmt den Textentdeckerwürfel (siehe Anhang) und würfelt euch durch die biblische Geschichte.

Bibel erklären

Die Krönung Davids (Verse 1-5) zum König über Israel ist eine einfache Sache. Die Vertreter der zwölf Stämme des Volkes Israel besuchen David zu Hause, ein Vertrag wird geschlossen und David wird noch einmal gesalbt. Nun wird Wirklichkeit, was Samuel vor vielen Jahren schon vollzogen hatte. David wird zum König über das ganze Volk.

David vergisst nicht:

IQVV JCV KJP ÖWO MAPKI IGOCEJV (XGTU 12).

Das Alphabet findet ihr im Anhang.

Die **Verse 6-9** sind schwierig zu erklären. David macht einen Wortwitz über die überhebliche Aussage der Jebusiter, die in Jerusalem wohnen. Sie hatten gesagt: „Selbst wenn Blinde und Lahme in der Stadt wohnen würden, kann niemand die Stadt erobern." David antwortet: „Ich mag Blinde und Lahme nicht" – und erobert die Stadt. Jerusalem wird zur Hauptstadt des Reiches.

Bibel übertragen

Kostbare Verse
Ihr braucht: euer Buch „Kostbare Verse" und einen Stift.
Findet ihr in dem heutigen Bibeltext einen Vers, den ihr besonders gut findet? Dann schreibt ihn in euer Buch.
Kann euch der Vers auch im Alltag helfen? Wie?

Gebet ■

22. David baut Mist
Bibeltext: 2 Samuel 11,1-13

Gebet

Zum Einstieg
Lasse baut Mist
Lasse konnte nicht aufhören, hinzugucken. Eigentlich durfte keiner so etwas mit in die Schule bringen. Lena hatte es auch nur ganz kurz aus der Schultasche geholt und ihren beiden besten Freundinnen gezeigt. Als Frau Breitenstein, die Klassenlehrerin, aufmerksam wurde, hatte sie es sofort wieder in der Tasche verschwinden lassen. Nur eine Ecke guckte noch raus. Lasse musste den Kopf verdrehen und genau am Tischbein vorbei in die Tasche schauen, dann konnte er es sehen. Den neuen Nintendo XL. Genau so einen hatte sich Lasse schon immer gewünscht. Aber seit er sich vor zwei Monaten zusammen mit Benno zwei neue Spiele für die X-Box gekauft hatte, war die Taschengeldkasse leer. Und Geburtstag und Weihnachten waren lange nicht in Sicht. Lasse verdrehte den Kopf so weit, dass es im Nacken knackte, um noch ein bisschen mehr sehen zu können. Es musste super sein, damit spielen zu können. Die beiden großen Displays und dazu die Kamerafunktion. Einfach nur genial. Lasse spürte, wie es ihm in den Fingern kribbelte. Benno würde Augen machen, wenn er mit so einem Teil nach Hause käme.
Lasse fuhr zusammen, als die Glocke zur Pause läutete. Er ließ sich extra viel Zeit. Die anderen waren schon aus dem Klassenraum verschwunden. Nur Frau Breitenstein wartete noch. „Kommst du?", fragte sie. „Gehen Sie nur schon", sagte Lasse heiser, „ich muss noch mein Geld für den Kiosk suchen." Frau Breitenstein verdrehte die Augen. „Das kann dauern", seufzte sie und hielt Lasse ihren Schlüsselbund entgegen. „Schließt du ab und bringst mir den Schlüssel ins Lehrerzimmer?" „Klar", murmelte Lasse.
Er wartete, bis die Lehrerin den Raum verlassen hatte. Mit schnellen Schritten ging er am Tisch vorbei zu Lenas Schultasche, schaute sich vorsichtig um, bückte sich hastig, zog den Nintendo heraus und stecke ihn unter seinen Pullover in den

Hosenbund. Dann zog er seine Jacke an, schloss die Klassentür ab und ging zum Lehrerzimmer.

Frage an die Kinder der Familie
Wie findet ihr, was Lasse macht?

Bibel lesen: 2 Samuel 11,1-13

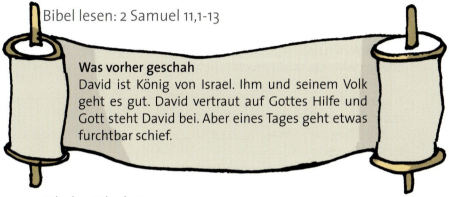

Was vorher geschah
David ist König von Israel. Ihm und seinem Volk geht es gut. David vertraut auf Gottes Hilfe und Gott steht David bei. Aber eines Tages geht etwas furchtbar schief.

Bibel entdecken
Drei Gesichter

 Nehmt euch das Zustimmungs-, Ablehnungs- und Weiß-nicht-genau - Gesicht (siehe Anhang) und legt die drei Gesichter vor euch auf den Tisch. Wählt nacheinander eines der Gesichter aus und kommentiert, wie ihr es findet, dass ...
– David Batseba schön findet.
– David Batseba zu sich kommen lässt.
– David mit Batseba so umgeht, als wäre sie seine Frau, obwohl sie zu ihrem Mann Urija gehört.
– David versucht, zu vertuschen, was geschehen ist.

Bibel erklären
David baut Mist. Es ist nicht schlimm, dass er Batseba schön findet. Schlimm ist, dass er mit ihr so umgeht, als wäre sie seine Frau, obwohl Batseba zu ihrem Mann Urija gehört. Schlimm ist auch, dass David die ganze Sache vertuschen will. Als Batseba schwanger wird, lässt er ihren Mann Urija nach Hause holen. Er hofft, dass Urija und Batseba als Mann und Frau beieinander sind (miteinander schlafen). Dann würde

später jeder glauben, das Kind sei von Batseba und ihrem Mann Urija. Als Urija nicht zu Batseba nach Hause gehen will, macht David ihn sogar betrunken. Doch Davids Plan geht nicht auf. Das, was er getan hat, wird sich nicht verheimlichen lassen. Das weiß David nun.

Die biblischen Berichte, die wir vorher von David gelesen haben, machen deutlich: David verlässt sich auf Gott. Er fragt noch Gottes Willen und handelt nach Gottes guten Ordnungen. Nun erleben wir, dass David etwas Falsches tut.

Frage an alle
Habt ihr einen Vorschlag, was David jetzt tun soll?

Bibel übertragen
Erinnert euch an eine Situation, in der ihr einen Fehler gemacht habt? Es ist gar nicht wichtig, ob es ein kleiner oder großer Fehler gewesen ist.
Wie habt ihr euch gefühlt?
Was habt ihr getan, damit es euch besser ging?
Erzählt einander davon.

Gebet ■

23. David spricht sich selbst das Urteil
   Bibeltext: 2 Samuel 12,1-12

Gebet

Zum Einstieg
Lasse hat Bauchschmerzen
Lasse rutscht unruhig auf seinem Stuhl herum. Abel egal, wie er sich auch hinsetzt: Etwas drückt direkt oberhalb des Hosenbundes auf seinen Bauch. Lasse schaut verstohlen zu Lena hinüber. Seit sie aus der großen Pause zurück ins Klassenzimmer gekommen sind, hat sie noch nicht ein einziges Mal in ihre Schultasche geschaut. Sonst hätte sie sofort bemerkt, dass ihr neuer Nintendo XL nicht mehr da ist. Den hat sich Lasse vorhin heimlich aus Lenas Schultasche genommen und unter den dicken Pullover vorne in den Hosenbund gesteckt. Für die Jackentasche ist der Nintendo zu groß und in seiner Schultasche ist er nicht sicher. Lasse rutscht wieder auf dem Stuhl herum. Es drückt nicht nur auf seinem Bauch, sondern auch darin. Was, wenn Lena gleich bemerkt, dass der Nintendo weg ist? Was, wenn dann alles durchsucht wird? Was, wenn der Nintendo bei ihm gefunden wird? Lasse schüttelt energisch mit dem Kopf. Er will gar nicht daran denken. Lieber will er daran denken, wie es sein wird, wenn er nachher zu Hause mit dem Nintendo spielen kann. Das wird einfach prima. Und wenn doch alles rauskommt? Lasse schluckt. Der Druck in seinem Bauch wird immer schlimmer. Warum hat er den Nintendo bloß genommen? Jetzt ist er ein Dieb. Hätte er doch die Finger von Lenas Schultasche gelassen. Hätte er doch gar nicht erst gesehen, wie Lena ihren beiden Freundinnen den Nintendo gezeigt hat. „Frau Breitenstein?", meldet sich Lasse. „Mir ist furchtbar schlecht. Kann ich nach Hause gehen?" Seine Lehrerin nickt. „Du siehst auch ganz blass aus. Kann ich deine Mutter anrufen, damit sie dich abholt?" Lasse schüttelt den Kopf. „Ist niemand bei uns da", sagt er leise. „Ich komme schon zurecht." „Kommt nicht in Frage", meint Frau Breitenstein und sieht sich in der Klasse um. „Wohnt jemand in der Nähe von Lasse und kann ihn begleiten?" Für einen Moment ist es ganz

still in der Klasse. „Ich", sagt Lena. Sie bückt sich und greift nach ihrer Schultasche. Dann kramt sie aufgeregt darin herum. Lasse schließt er die Augen. „Ich habe ihn genommen", sagt er leise. Seine Stimme will ihm nicht gehorchen. Lasse räuspert sich. „Ich habe ihn genommen", schreit er.

Frage an die Kinder der Familie
Könnt ihr verstehen, wie es Lasse geht?
Was drückt in seinem Bauch?
Was wird nun in der Klasse geschehen?

Bibel lesen: 2 Samuel 12,1-12

Was vorher geschah
König David hat einen Fehler gemacht. Er ist mit Batseba, der Frau von Urija, so umgegangen, als wäre sie seine Frau. Batseba ist schwanger geworden. Mit allen Mitteln hat David versucht, zu vertuschen, was geschehen ist. Er hat sogar dafür gesorgt, dass Urija im Kampf getötet wird. Doch jetzt kommt alles ans Licht.

Koffer-Theater
Ihr braucht: das Koffer-Theater (siehe Anhang), Papier und Pappe, ein paar Holzstäbe, Schere, Kleber und Stifte
Malt einen armen und einen reichen Menschen, eine große Schafherde, ein einzelnes Schaf und eine Gruppe von Gästen auf die Pappe. Schneidet alles aus und klebt es unten an die Holzstäbe. Wenn ihr wollt, könnt ihr aus dem Papier noch ein paar Häuser machen und sie als Bühnenbild in den Koffer kleben. Während einer aus der Familie Natans Beispielgeschichte liest, spielen die anderen dazu.
Lest zuerst die Verse 1-4.

Bibel entdecken
Frage an alle

Für welchen Vorfall ist Natans Geschichte ein gutes Beispiel?
Was denkt ihr, wird David zu dieser Beispielgeschichte sagen?

Bibel lesen: 2 Samuel 12,1-12
Lest nun die Verse 5-12.

Bibel entdecken
Frage an alle
Hättet ihr mit der Reaktion Davids gerechnet?
Findet ihr es richtig, dass David eine harte Strafe bekommt?

Bibel erklären
Davids Fehler bleibt nicht verborgen. Natan, Gottes Prophet, stellt ihn zur Rede und kündigt ihm Strafe an. Die Strafe ist hart: Was David Urija angetan hat, soll er nun selber ertragen.

Bibel übertragen
Was kann man tun, wenn man einen Fehler gemacht hat?
Wenn ihr herausfinden wollt, was David getan hat, lest Psalm 32,3-5 oder Psalm 51,12-14.

Gebet ■

---

24. David muss die Folgen tragen
Bibeltext: 2 Samuel 12,13-25

Gebet

Zum Einstieg
Lasse muss die Folgen tragen
„Du?" Lena schreit dieses eine Wort so laut, dass es Lasse in den Ohren wehtut. „Ja", sagt er heiser und zieht Lenas Nintendo aus dem Hosenbund unter dem Pullover hervor. „Vorhin habe ich gesehen, wie du ihn Jule und Svenja gezeigt hast. Und dann habe ich ihn aus deiner Tasche genommen. Ich wünsche mir

schon lange so einen." Lasse schluckt. Dann bricht es aus ihm hervor. „Ich habe ihn geklaut. Ich bin ein Dieb", schreit er. Lasse stößt seinen Stuhl beiseite und macht drei hastige Schritte auf Lenas Tisch zu. „Es ist nicht meiner. Er gehört dir. Es tut mir leid." Die letzten Worte flüstert Lasse. Tränen schießen aus seinen Augen. „Es tut mir leid", flüstert er so leise, dass es niemand mehr hören kann. Dann legt er den Nintendo vorsichtig vor Lena auf den Tisch. Für einen Moment ist es ganz still in der Klasse.

„Wir müssen mit Direktor Blomberg reden, das ist klar", sagt Frau Breitenstein, die Klassenlehrerin, in die Stille. „Daran wird sich nichts ändern lassen. Und dann werden wir sehen, welche Folgen dein Diebstahl haben wird."

Lasse nickt. Dann schaut er Lena an. Der Nintendo liegt immer noch vor ihr auf dem Tisch. „Es tut mir wirklich leid", sagt er noch einmal und wischt sich die Tränen aus dem Gesicht.

„Ja", sagt Lena und nickt dabei. Dann nimmt sie ihren Nintendo und steckt ihn in die Tasche.

Frage an alle
Welche Strafe hat Lasse verdient?
Soll er überhaupt eine Strafe bekommen?

Bibel lesen: 2 Samuel 12,13-25

Was vorher geschah
König David hat einen Fehler gemacht. Er ist mit Batseba, der Frau von Urija, so umgegangen, als wäre sie seine Frau. Batseba ist schwanger geworden. Mit allen Mitteln hat David versucht, zu vertuschen, was geschehen ist. Er hat sogar dafür gesorgt, dass Urija im Kampf getötet wird. Doch jetzt kommt alles ans Licht. Gott vergibt David, aber David muss die Folgen seines Handelns tragen.

Lest den Bibeltext in verteilten Rollen. Einer aus der Familie ist der Erzähler, die anderen Familienmitglieder lesen das, was David, Natan und die Diener sagen.

Bibel entdecken

Textentdeckerwürfel
Nehmt den Textentdeckerwürfel (siehe Anhang) und würfelt euch durch die biblische Geschichte.

Bibel erklären

Die Strafe, die David bekommt, ist hart. David kann sie nicht abwenden, egal, was er auch versucht. David muss die Folgen von seinem Fehler tragen. Gott ist ein Gott, der vergibt. Das darf David erleben. Der Sohn, den er mit Batseba bekommt, wird sein Nachfolger werden. Gott verspricht: So, wie er mit David gewesen ist, wird er auch mit Salomo sein. Das sagt schon der Name des Kindes: Liebling des Herrn.

Als David am Ende seines Lebens seine Königskrone an seinen Sohn Salomo weitergibt, gibt er ihm einen guten Rat:

> JCNVG IQVVGU IGDQVG, IGJG CWH UGKPGP YGIGP WPF DGCJVG UGKPG OCJPWPIGP, FCOKV FW MNWI JCPFGNUV WPF GTHQNI JCUV (1 Könige 2,3+4).

Das Alphabet findet ihr im Anhang.

Bibel übertragen

Kostbare Verse
Ihr braucht: euer Buch „Kostbare Verse" und einen Stift.
Findet ihr in dem heutigen Bibeltext einen Vers, den ihr besonders gut findet? Dann schreibt ihn in euer Buch.
Kann euch der Vers auch im Alltag helfen? Wie?

Gebet ∎

25. Paulus schreibt an die Philipper
Bibeltext: Philipper 1,1-11

Gebet

Zum Einstieg
Was sagt der Mann?

Schaut euch das Bild an. Das jüngste Familienmitglied beschreibt, was es sieht.
Jeder aus der Familie überlegt, was dieser Mann gerade denkt oder sagt. Wenn ihr alle überlegt habt, erzählt ihr euch, was eurer Meinung nach in die Sprechblasen gehört. Überlegt gemeinsam und entscheidet euch. Schreibt in die Sprechblasen.

Wer schreibt hier wem?

Findet ihr die Empfänger und die Absender dieses Briefes heraus?

A=1, B=2, C=3 usw.

Bibel lesen: Philipper 1,1-11

Was vorher geschah
Wir befinden uns im Gefängnis in Rom, etwa 61 Jahre nach der Geburt von Jesus. Paulus, ein Apostel, der um die halbe Welt reist, um den Menschen von Jesus zu erzählen, sitzt im Gefängnis. Er wartet auf seine Verhandlung, bei der er sich dafür verteidigen muss, dass er von Jesus erzählt hat. Sein Mitarbeiter Timotheus ist bei ihm. Paulus schreibt Briefe an die Gemeinden, die er auf seinen Reisen besucht hat. Vor gut zehn Jahren war Paulus mit seinen Begleitern erstmals in der Handelsstadt Philippi. Nun schreibt er an die dortige Gemeinde.

Lest zuerst die Verse 1 und 2.

Bibel entdecken
Überprüft, ob ihr Empfänger und Absender richtig herausgefunden habt.

Bibel lesen: Philipper 1,1-11
Lest jetzt die Verse 3-6.

Bibel entdecken
Paulus im Gefängnis
Was macht Paulus im Gefängnis? Überlegt, welche der folgenden Antworten zutreffen.
a. Beten
b. Sich ärgern
c. Briefe schreiben
d. Mit Gott streiten
e. An die Gemeinden denken, die er besucht hat
f. Timotheus anschreien
g. Sich auf die Verhandlung vorbereiten
Wie findet ihr es, dass Paulus im Gefängnis nicht jammert oder

klagt, sondern sich um die Menschen in den Gemeinden Gedanken macht?

Dank
Schaut euch noch mal an, was ihr in die Sprechblasen geschrieben habt. Was denkt ihr: Stimmt es mit dem überein, was Paulus im Gefängnis denkt oder sagt?
Ihr braucht: einen Zettel, einen Stift
Einer aus der Familie, der gut malen kann, zeichnet das Bild von Paulus im Gefängnis auf das Blatt Papier. Paulus braucht zwei Sprechblasen. Schreibt über die eine Sprechblase „Dank" und über die andere „Bitte".
Wofür dankt Paulus? Schreibt es in die Sprechblase.

Bibel lesen: Philipper 1,1-11
Lest nun die Verse 7-11.

Bibel entdecken
Bitte
Worum bittet Paulus? Schreibt es in die Sprechblase.

Bibel erklären
Vers 9
Paulus geht es bei seiner Bitte für die Gemeinde in Philippi um den Umgang der Menschen miteinander. Er wünscht ihnen eine von Gott geschenkte Liebe. Diese Liebe hilft ihnen dabei, mehr und mehr zu entdecken, wie sie einander herzlich annehmen und füreinander Gutes tun können. Gutes tun heißt: einander im Glauben unterstützen, füreinander im Alltag sorgen, einander bei Problemen helfen. Die Liebe der Menschen in Philippi soll so werden, wie Jesus selber es vorgemacht hat.

Verse 6 und 10
Die Menschen zur Zeit der Bibel hatten noch genau im Ohr, was Jesus gesagt hatte: „Ich komme wieder zu euch!" (Apostelgeschichte 1,6+7). Sie wussten nicht, wann dies geschehen würde. Sie lebten aber so, als könnte es jeden Tag passieren. Paulus weist in den Versen auf diesen Tag hin.

Bibel übertragen

Kostbare Verse
Ihr braucht: euer Buch „Kostbare Verse" und einen Stift.

Findet ihr in dem heutigen Bibeltext einen Vers, den ihr besonders gut findet? Dann schreibt ihn in euer Buch.
Kann euch der Vers auch im Alltag helfen? Wie?

Gebet ∎

---

26. Jesus ist unser Vorbild
Bibeltext: Philipper 2,1-4

Gebet

Zum Einstieg
Legt das Bild in die Mitte und nehmt euch Zeit, es zu betrachten. Was seht ihr?
Einer nach dem anderen erzählt, was er sich bei dem Bild gedacht hat. Die Kinder fangen an.

Bibel lesen: Philipper 2,1-4

Was vorher geschah
Paulus sitzt im Gefängnis. Er wartet auf seine Verhandlung, bei der er sich dafür verteidigen muss, dass er von Jesus erzählt hat. Paulus schreibt einen Brief an die Gemeinde in Philippi, die er vor gut 10 Jahren erstmals besucht hat.

Lest zuerst den Vers 1.

Bibel entdecken
Vier Lobe
Ganz schön clever, wie Paulus seinen Brief aufbaut: Im ersten Vers des zweiten Kapitels schreibt er, was in der Gemeinde gut klappt. Könnt ihr die vier Gründe für das Lob entdecken?

Wenn einer in der Gemeinde verzweifelt ist, wird er _____ muerigtt.

Wenn einer in der Gemeinde traurig ist, wird er _____ trögestte.

Wenn einer in der Gemeinde alleine ist, findet er _____ schGeinaftme.

Wenn einer in der Gemeinde Not leidet, _____ barermen sich die anderen.

Bibel lesen: Philipper 2,1-4
Lest jetzt die Verse 2-4.

Bibel entdecken
Drei Wünsche
Nachdem Paulus die Menschen in der Gemeinde in Philippi gelobt hat, schreibt er nun, was er sich wünscht. Könnt ihr die drei Wünsche entdecken (Vers 3 und 4)?

Handelt nicht aus _____ Suselchtbst.
Seid _____ denbeeisch und _____ tetcha den anderen mehr als euch selbst.
Denkt nicht an euren eigenen _____ orVliet, sondern zuerst an den anderen Menschen.

In Vers 3 steht eine Zusammenfassung der drei Wünsche: Geht in Liebe miteinander um.

Bibel erklären
Es kann sein, dass es in Philippi Streit gegeben hat. Es waren einige Menschen in der Gemeinde aufgetreten, die andere Lehren verbreitet hatten als Jesus (Kapitel 3). Darüber war es zum Streit gekommen. Es ist wahrscheinlich, dass Paulus deshalb in seinem Brief immer wieder zur Eintracht mahnt und die Liebe betont.

Bibel übertragen
Sandburg verteidigen
Ihr braucht: Spielplan von Seite 82+83, einen Würfel, Flutfelder (siehe Spielplan) in entsprechender Anzahl
Hast du schon mal eine Sandburg am Strand gebaut? Wenn die Flut kommt, wird immer mehr Sand von der Burg weggespült, bis schließlich die ganze Burg im Wasser verschwunden ist. Es macht Spaß, so lange auf der Burg zu stehen, bis die Gummistiefel beinahe voll Wasser laufen. Wenn die Flut stark genug ist, geht die Sandburg auf jeden Fall unter. Der Sand ist kein Baumaterial, das Bestand hat. Suche dir drei Mitspieler und eine Belohnung. Jeder Mitspieler stellt eine Spielfigur auf ein Startfeld und die Belohnung wird auf das Zielfeld gelegt. Schneide zuerst noch die Flut-Felder aus – du siehst ja, wo sie später hinpassen. Reihum würfelt ihr jetzt. Helft euch gegenseitig, die Sandburg so lange wie möglich gegen die Flut zu verteidigen.

Überlegt gemeinsam
Wie können die drei Wünsche von Paulus im Alltag in Erfüllung gehen?

Gebet ■

Start

Würfelzahl 1+2: Burg besteigen. Setze deine Figur ein Feld näher zur Spitze der Burg. Durch die Mauern kannst du dabei nicht gehen.

Würfelzahl 3+4: Welle kommt. Lege eines der Flut-Felder auf die Burg. Deine Welle beginnt immer mit einem großen Flut-Feld für den äußeren Ring. Beim nächsten Mal kannst du ein mittleres und dann ein kleines Feld anlegen. Die Flut-Felder müssen sich dabei berühren. Die Mauern spielen keine Rolle. Die Flut-Felder dürfen nicht betreten werden. Steht auf dem Feld, auf das du ein Flut-Feld legen willst, schon eine Figur, muss diese bis auf trockenen Sand zurücklaufen.

Würfelzahl 5: Welle geht. Du kannst das vorderste Stück einer Welle wegnehmen und wieder auf den Stapel legen.

Würfelzahl 6: Rettungsring. Setze deine Figur ein Feld weiter. Dabei kannst du sogar auf ein Feld mit einem Flut-Feld treten! Du darfst allerdings nur bis zu deinem nächsten Wurf stehen bleiben. Kommst du dann nicht auf ein trockenes Feld, musst du zurückgehen.

Spielfeld Seestern. Würfel noch einmal. Bei einer geraden Zahl gehst du zwei Schritte vor, bei einer ungeraden musst du einen Schritt zurückgehen.

Spielfeld Muschel. Dieses Feld darf nicht von einem Flut-Feld belegt werden.

2 x

3 x

4 x

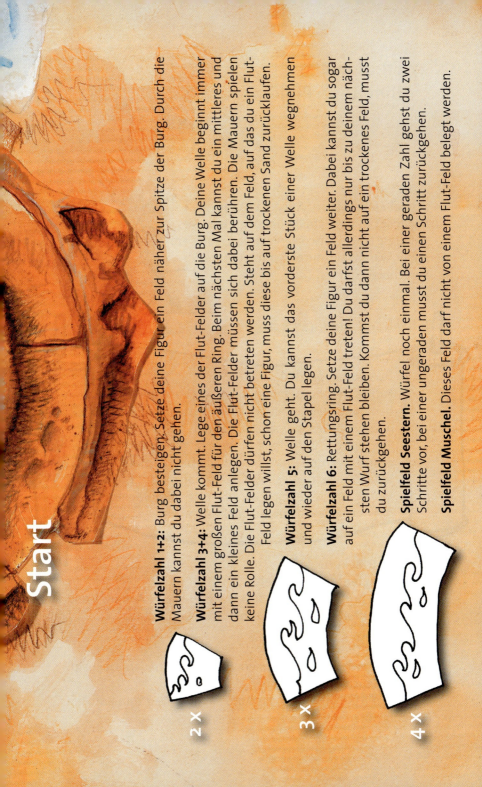

27. Freut euch
Bibeltext: Philipper 4,4-7

Gebet

Zum Einstieg
Schaut euch Lars an. Wie geht es Lars gerade? Jeder in der Familie überlegt, was Lars auf diese Frage antworten würde. Erzählt einander, was ihr vermutet. Schreibt in die Sprechblase.

Bibel lesen: Philipper 4,4-7

Was vorher geschah
Paulus sitzt im Gefängnis. Er wartet auf seine Verhandlung, bei der er sich dafür verteidigen muss, dass er von Jesus erzählt hat. Paulus schreibt einen Brief an die Gemeinde in Philippi, die er vor gut zehn Jahren erstmals besucht hat. In den ersten Teilen seines Briefes lobt und ermahnt Paulus die Menschen in Philippi. Vor allem ist ihm wichtig, dass sie liebevoll miteinander umgehen.

Bibel entdecken

Textentdeckerwürfel
Nehmt den Textentdeckerwürfel (siehe Anhang) und würfelt euch durch die biblische Geschichte.

Bibel erklären
Wie kann das denn gehen? Immerzu und allezeit freuen? Überlegt: Könnt ihr euch freuen,
a. wenn mitten im Winter das Auto auf dem Weg zum Büro liegenbleibt?

b. wenn die beste Freundin ein wichtiges Geheimnis weitererzählt?
c. wenn der Drachen, der mit viel Mühe gebaut worden ist, im Baum hängenbleibt?
d. wenn der Kuchen für den Besuch bei den Nachbarn im Ofen verbrennt, weil eine anstrengende Bekannte am Telefon kein Ende gefunden hat?

Wenn solche Dinge geschehen, kann man sich nicht freuen, oder? Und wenn noch schlimmere Dinge geschehen, erst recht nicht.

Ob Paulus sich vorgestellt hat, dass alle Christen mit einem dicken Grinsen im Gesicht umherlaufen, auch wenn es ihnen schlecht geht?

Überlegt gemeinsam
Schaut euch noch einmal den Vers 4 an.
Was meint Paulus mit der Freude, die von Gott kommt? Paulus hat eine Entdeckung gemacht:

Ich kann Not leiden,
ich kann im Wohlstand leben;
mit jeder Lage bin ich vertraut.
Ich kenne Sattsein und Hungern,
ich kenne Mangel und Überfluss.
Philipper 4,12

Wieso kann Paulus das? Könnt ihr sein Geheimnis entschlüsseln?

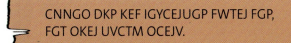

CNNGO DKP KEF IGYCEJUGP FWTEJ FGP,
FGT OKEJ UVCTM OCEJV.

Philipper 4,13

Paulus weiß, dass Gott größer ist als alles, was er erleben darf und erleiden muss. Er weiß, dass er bei Gott jederzeit gut aufgehoben ist. Und er weiß, dass er einmal bei Gott sein wird. Darüber kann er sich freuen, auch wenn es ihm nicht gut geht.

Bibel übertragen

Kostbare Verse

Ihr braucht: euer Buch „Kostbare Verse" und einen Stift.

Findet ihr in dem heutigen Bibeltext einen Vers, den ihr besonders gut findet? Dann schreibt ihn in euer Buch.
Kann euch der Vers auch im Alltag helfen? Wie?

Gebet ∎

---

28. Freuen dürfen sich alle ...
Bibeltext: Matthäus 5,1-4

Gebet

Zum Einstieg
Freude-Geschichten
Jeder aus der Familie sieht sich das Kind auf dem Bild an.

Nehmt euch Zeit und überlegt euch eine Geschichte, warum dieses Kind sich so freuen könnte. Hat es ein riesiges Geschenk bekommen? Hat es etwas gefunden, was es verloren hat? Erzählt einander eure Geschichten.

Gründe der Freude
Ich braucht: ein großes Blatt Papier, Buntstifte
Legt das Blatt so auf den Tisch, dass alle auf ihrer Seite des Blattes malen oder schreiben können. Jeder aus der Familie schreibt oder malt nun, worüber er sich mal riesig gefreut hat. Erzählt einander, was ihr gemalt oder geschrieben habt.
Überlegt gemeinsam: Sind es gute Gründe der Freude? Gibt es auch eine schlechte Freude?

Bibel lesen: Matthäus 5,1-4

Was vorher geschah
In der ganzen Region Galiläa und darüber hinaus hat es sich herumgesprochen, dass Jesus Wunder tut, Kranke heilt und von Gottes Reich spricht. Viele Menschen gehen zu Jesus. Sie wollen hören, was er sagt.

Bibel entdecken
Komische Freude
Schaut euch noch mal die Gründe der Freude an, die ihr auf das Blatt gemalt oder geschrieben habt. Und dann lest noch einmal die Verse 3 und 4. Was ist das denn für eine Freude?

Frage 1 - Wer darf sich freuen?
Zwei Gruppen von Menschen werden in der Versen 3 und 4 genannt. Überlegt gemeinsam, ob die folgenden Menschen zu einer dieser beiden Gruppen gehören.

> Ich verlasse mich ganz auf meine eigenen Kräfte. Ich schaffe es schon alleine!

> Ich weiß, dass ich Gottes Hilfe brauche. Alleine schaffe ich es nicht.

> Ich habe viele schlechte Erfahrungen gemacht. Aber bei Gott bin ich geborgen.

> Der Streber in meiner Klasse nervt ganz gewaltig. Deshalb schubse ich ihn rum, wo ich nur kann.

> Gestern habe ich dem Streber aus meiner Klasse geholfen, als er von den anderen fertiggemacht wurde. Dabei habe ich selber was abgekriegt.

Frage 2 - Warum dürfen die sich freuen?
Findet ihr den Grund der Freude in den Versen 3 und 4? Was verspricht Jesus? Schreibt es zu den Sprechblasen.

Bibel erklären

Jesus spricht hier von einer Freude, die einen ganz eigenen Grund hat. Er macht deutlich: Gott ist es ganz und gar nicht egal, wie es den Menschen geht.
Manchmal ist es schwer auszuhalten, dass wir in einer heillosen Welt (Vers 4) leben. Wir wünschen uns sehr, dass Gott eingreift. Wir wünschen uns, dass Gott allem Leid, aller Ungerechtigkeit und allem Schmerz ein Ende macht. Jesus verspricht: Wir können uns freuen.
Dann, wenn wir schon auf dieser Erde erleben, dass Gott eingreift. Darauf, dass es einmal bei Gott kein Leid, keine Ungerechtigkeit und keinen Schmerz mehr geben wird.

Bibel übertragen
Überlegt gemeinsam
Gehört ihr zu einer der beiden Gruppen, über die Jesus gesprochen hat? Erzählt einander, wie es war, sich nur noch auf Gott zu verlassen? Wie ist es gewesen, Leid zu erdulden? Was hat euch geholfen? Was hat euch getragen?
Könnt ihr dazu beitragen, dass es auf dieser Erde schon so wird, wie Gott es sich ausgedacht hat?

Kostbare Verse
Ihr braucht: euer Buch „Kostbare Verse" und einen Stift.

Findet ihr in dem heutigen Bibeltext einen Vers, den ihr besonders gut findet? Dann schreibt ihn in euer Buch.
Kann euch der Vers auch im Alltag helfen? Wie?

Gebet ■

---

29. Freuen dürfen sich alle ...
Bibeltext: Matthäus 5,5-6

Gebet

Zum Einstieg
Simon und Kaleb haben Streit
Simon rutscht auf dem steinigen Boden hin und her bis er einen Fleck gefunden hat, auf dem er bequem sitzen kann. Dann lässt er seinen Blick schweifen. Neben ihm lagern Johannes und seine Familie, ein wenig weiter steht Josua. Seine Frau und seine Kinder haben sich unter den Baum gesetzt. Samuel ist da, David und die anderen aus seinem Dorf. Von überall her sind die Menschen gekommen. Sie haben sich einen Platz auf dem Hügel gesucht und hören zu. Jesus redet. Er redet über die Regeln, nach denen alle hier von Kindesbeinen an leben. Aber Jesus erklärt die alten Regeln so, dass man sie ganz neu verstehen kann. „Du sollst

nicht töten", hat Jesus gesagt. Simon hat aufgeatmet. Diese Regel hat er befolgt, seit er ein Kind ist. Doch dann ist er unruhig aufgesprungen. „Wenn du über einen Mitmenschen etwas Schlechtes sagst, ihn beschimpfst oder verleumdest, dann ist es beinahe so, als hättest du ihn getötet", hat Jesus gesagt. Simon hat zuerst nicht verstanden. Dann ist ihm die Geschichte mit dem Ziegenfleisch eingefallen. Mit Kaleb, einem Nachbarn, hat er Streit wegen eines Brunnens. Vor ein paar Monaten ist Kaleb dann zu ihm gekommen und hat ein Stück Ziegenfleisch gekauft. Am nächsten Tag hat er im Dorf erzählt, das Fleisch sei verdorben und bei Simon könne man kein gutes Fleisch kaufen. Einen Betrüger hat er Simon genannt. Die anderen im Dorf haben Kaleb geglaubt und wollten kein Fleisch mehr bei Simon kaufen. Simon hat das Gefühl gehabt, er wäre für die anderen im Dorf gestorben. Es hat lange gedauert, bis sie wieder zu ihm gekommen sind. Ganze Monate lang. Weil Simon kaum noch etwas verkaufen konnte, haben er und seine Familie von allem zu wenig gehabt. Simon ballt die Faust und schlägt damit auf den Boden. Wie konnte Kaleb nur so gemein sein? Simon nickt. Er ist einer, dem die ganze Welt über mitgespielt hat. Er ist einer, dem die anderen Leid antun. Und das alles nur wegen Kaleb. Simon nickt noch einmal. „Das kannst du nie wieder gut machen, Kaleb", flüstert er zwischen den zusammengebissenen Zähnen hindurch.

Bibel lesen: Matthäus 5,5-6

Bibel entdecken
Schaut euch noch mal die Geschichte von Simon und Kaleb an.
Überlegt gemeinsam
Findet ihr in der Geschichte etwas, wovon Jesus spricht?
Wird jemand ungerecht behandelt? Fügt einer einem anderen Leid zu?
Wer ist schuld, dass die Situation so ist, wie sie ist? Kaleb oder Simon?
Was hat Kaleb getan? Tut Simon auch etwas?
Was müsste passieren, damit es zwischen Simon und Kaleb gerecht zugeht?
Wer müsste etwas tun? Kaleb oder Simon?

Bibel erklären
Komische Gedanken sind das, die Jesus sagt.
Freuen dürfen sich alle, die unterdrückt sind und auf Gewalt verzichten.
Wie soll man sich darüber freuen können?
Was verspricht Jesus?
Gottes Gerechtigkeit wird sich durchsetzen.

Bibel übertragen
Schaut euch noch einmal die Verse 5-6 in der Bibel an.
Überlegt und erzählt
Gibt es eine Situation in eurem Leben, in der ihr ungerecht behandelt worden seid? Hat euch jemand Leid zugefügt?
Wie ist die Situation, die ihr erlebt hat, weitergegangen?
Hat es eine Lösung gegeben?
Wie sah die Lösung aus? Wie müsste eine Lösung aussehen?

Gebet ■

---

30. Freuen dürfen sich alle ...
Bibeltext: Matthäus 5,7-9

Gebet

Zum Einstieg
Simon und Kaleb haben Streit
Simon rutscht wieder auf dem Boden hin und her. Er hat schwere Zeiten hinter sich. Sein Nachbar Kaleb hat unwahre Geschichten über ihn erzählt und ihn bei den anderen im Dorf schlecht gemacht. Simon ballt die Faust. Diesem Kaleb würde er am liebsten in einer dunklen Nacht abseits vom Dorf begegnen. Dann würde er es ihm zeigen. Gerade hat Jesus gesagt, dass Gott denen, die Ungerechtigkeit erleben, zu ihrem

Recht verhelfen wird. Simon nickt. Das sollte der Kaleb mal hören. Dann wüsste der, was er zu tun hat. Simon hört weiter zu. Jesus erzählt davon, wie die Regeln, nach denen alle hier von Kind an leben, zu verstehen sind. „Ich sage euch, dass ihr eure Feinde lieben sollt. Betet für die, die euch verfolgen." Simon springt auf die Füße. „Was?", will er schreien. „Es ist nicht schwer, die Menschen zu lieben, die euch auch lieben", fährt Jesus fort. „Wer seine Feinde liebt, macht es wirklich gut." Simon schüttelt mit dem Kopf. Sein Aufschrei ist ihm in der Kehle stecken geblieben. So einen wie Kaleb soll er lieben? Das kann Jesus nicht meinen. Unmöglich. Nein, darüber will er gar nicht nachdenken. Oder doch? Simon blickt nachdenklich umher. Was wäre, wenn er zu Kaleb gehen würde und ihm Versöhnung anbieten würde? Simon schüttelt wieder mit dem Kopf. Unmöglich! Er ballt die Faust. So gerne würde er Kaleb damit ins Gesicht schlagen. Aber die anderen Gedanken lassen sich nicht vertreiben. Er könnte Kaleb zum Essen einladen und Ziegenfleisch braten. Wein würden sie trinken und vielleicht endlich die Sache mit dem Brunnen klären. „Nein!", sagt Simon entschieden. Kaleb soll für das büßen, was er ihm angetan hat. Und dann? Dann würde Kaleb nach einer Möglichkeit suchen, sich zu rächen. Und dann würde Simon sich rächen und dann wieder Kaleb. Es würde nie aufhören. „Wer seine Feinde liebt, macht es wirklich gut." So hat Jesus es gesagt. Simon hat es noch im Ohr. Langsam versteht er. Wer seinen Feind liebt, macht Schluss mit dem langen Weg von Gewalt und Rache. Langsam steht Simon auf. Der Gedanke, Kaleb die Versöhnung anzubieten, fällt ihm schwer. Was ist, wenn Kaleb nicht auf das Angebot zur Versöhnung eingeht? Oder ihn für einen Feigling hält? Ihm ins Gesicht lacht oder ihn anspuckt? Simon dreht sich zögernd um. Kaleb steht hinter ihm. „Du bist hier?", stottert Simon. Kaleb nickt nur. Dann sagt er: „Es tut mir leid, Simon."

Bibel lesen: Matthäus 5,7-9

Bibel entdecken
Schaut euch noch mal die Geschichte von Simon und Kaleb an.
Überlegt gemeinsam
Findet ihr in der Geschichte etwas, wovon Jesus spricht?
Wer stiftet Frieden? Simon oder Kaleb?

Wer ist barmherzig? Simon oder Kaleb?
Macht Simon es richtig, wenn er sich an Kaleb rächen will?
Macht Simon es richtig, wenn er auf Gottes Gerechtigkeit wartet?
Macht Simon es richtig, wenn er selber versucht, mit Kaleb Frieden zu schließen?
Macht Kaleb es richtig?

Bibel erklären

Kein Wunder, dass sich Simon in der Geschichte zuerst aufregt. Er soll Frieden stiften, sogar seine Feinde lieben? Das geht doch nicht. Oder doch? Simon versteht: Es geht nicht darum, sich alles gefallen zu lassen und alles zu ertragen, ohne sich zu wehren. Frieden stiften meint auch, zu sagen, wo Unfrieden ist. Nach Gerechtigkeit fragen heißt auch, zu sagen, wo Ungerechtigkeit herrscht. Simon versteht aber auch: Irgendwann ist es egal, wer angefangen hat. Dann geht es darum, wer anfängt, aufzuhören.

Bibel übertragen

Kann man heute nach dem leben, was Jesus sagt?

Überlegt gemeinsam

Darf man sich nicht wehren?
Muss man sich alles gefallen lassen?

Frieden stiften

Ihr braucht: ein großes Blatt Papier, ein paar Stifte
Legt das Blatt Papier so auf den Tisch, das alle darauf malen oder schreiben können. Einer aus der Familie schreibt in die Mitte:
Ich habe Unfrieden gestiftet und kann für Frieden sorgen.
Ich habe Unfrieden erlebt und kann für Frieden sorgen.
Jeder malt oder schreibt in seine Ecke des Blattes, was ihm zu den Sätzen einfällt. Erzählt einander was euch angefallen ist. Das älteste Familienmitglied beginnt.

Tipp

Überlegt euch eine Vereinbarung, die dafür sorgt, dass ihr tut, was ihr auf das Blatt geschrieben habt. Meistens haben die Kinder gute Ideen für eine solche Vereinbarung.

Gebet ■

31. Wie wir beten können
Bibeltext: Matthäus 6,9-13

Gebet

Zum Einstieg
Wenn Menschen beten, reden sie mit Gott. Manchmal wählen sie dafür eigene Worte, manchmal nehmen sie Worte, die schon zu einem Gebet zusammengefügt sind. Kennt ihr solche fertigen Gebete? Sprecht sie und überlegt dabei, in welcher Situation sie gebetet werden.

Bibel lesen: Matthäus 6,9-13

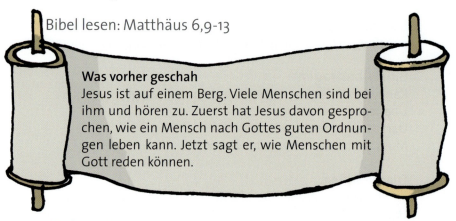

Was vorher geschah
Jesus ist auf einem Berg. Viele Menschen sind bei ihm und hören zu. Zuerst hat Jesus davon gesprochen, wie ein Mensch nach Gottes guten Ordnungen leben kann. Jetzt sagt er, wie Menschen mit Gott reden können.

Bibel entdecken

Textentdeckerwürfel
Nehmt den Textentdeckerwürfel (siehe Anhang) und würfelt euch durch die biblische Geschichte.

Bibel erklären
Gebets-Memory
Ihr braucht: ausgeschnittene Memory-Karten, eine Schere
Schneidet die Memory-Karten (siehe Seite 96+97) aus und legt sie umgedreht auf den Tisch. Ziel ist es, die Karten zu finden, bei denen der Teil des Gebets und die Erklärung zusammengehören. Wer ein Paar findet, liest beide Teile vor.
Tipp: Ihr könnt euch auch am Symbol/Bild orientieren

Bibel übertragen
Frage an alle
Was können wir tun, damit das, was wir beten, im Alltag geschieht?

Gebet ■

---

32. Jesus und der Hauptmann von Kafarnaum
Bibeltext: Matthäus 8,5-13

Gebet

Zum Einstieg
Auf das Wort vertrauen
Ein Familienmitglied stellt sich an das eine Ende des Zimmers und bekommt die Augen verbunden. Ein anderes Familienmitglied sagt dem „Blinden" nun immer wieder den Weg durch das Zimmer zu sich. Dabei muss sehr genau darauf geachtet werden, dass die Hinweise für den „Blinden" genau stimmen. Sonst läuft er gegen den Tisch oder an den Schrank. Natürlich läuft der „Blinde" vorsichtig und nur Schritt für Schritt. Jeder kann mal der Blinde und der Wegansager sein.
Frage an alle
Wie ist es euch gegangen? War der Weg gut beschrieben? Ist es euch schwergefallen, euch auf das Wort des Wegansagers zu verlassen?

Unser Vater im Himmel!	Dein Name werde geheiligt.
Dein Reich komme.	Dein Wille geschehe wie im Himmel so auf Erden.
Unser tägliches Brot gib uns heute.	Und vergib uns unsere Schuld, wie auch wir vergeben unsern Schuldigern.
Und führe uns nicht in Versuchung, sondern erlöse uns von dem Bösen.	Denn dein ist das Reich und die Kraft und die Herrlichkeit in Ewigkeit.
	Amen.

Wie ein guter Vater ist Gott für jeden Menschen, deshalb sprechen wir Gott so an.	Der Name Gottes ist ein besonderer Name, deshalb gehen wir sorgfältig damit um.
Wir wünschen uns, dass Gottes Reich bald kommt, damit alle Menschen nach Gottes guten Ordnungen leben.	Gott meint es gut mit uns Menschen, deshalb soll sein Wille überall gelten.
Gott gibt uns alles, was wir zum Leben brauchen, darauf können wir uns verlassen.	Gott vergibt uns, wenn wir schuldig werden. Darum können wir auch den Menschen vergeben, die uns etwas antun.
Wir möchten so leben, dass es Gott gefällt. Dazu brauchen wir Gottes Hilfe.	Gott ist kein Gott von kurzer Dauer. Wir können nach dem Leben auf dieser Erde für alle Zeit bei ihm sein.
	So ist es!

Bibel lesen: Matthäus 8,5-13
Lest zuerst die Verse 5-7.

Bibel entdecken
Die Frage von Jesus
Das ist eine merkwürdige Frage, die Jesus in Vers 7 stellt.
„Soll ich etwa kommen und ihn gesund machen?"
Wiederholt reihum die Frage von Jesus, betont sie aber immer wieder anders: freundlich, interessiert, empört, beleidigt und gelangweilt. Helft einander, damit die Frage so klingt, wie sie dem angegebenen Ton nach klingen soll.
Frage an alle
Was glaubt ihr, wie Jesus die Frage tatsächlich ausgesprochen hat? Jeder von euch legt sich auf einen Ton fest.

Bibel lesen: Matthäus 8,5-13
Lest jetzt die Verse 8+9.

Bibel entdecken
Frage an alle
Könnt ihr aus der Antwort des Hauptmanns entdecken, wie Jesus seine Frage an ihn gestellt haben muss? Überlegt noch einmal gemeinsam: Warum ist Jesus empört oder beleidigt?

Bibel erklären
Die Antwort auf die Frage, warum Jesus empört oder beleidigt reagiert, findet sich in den Versen 5 und 8. Der Hauptmann gehörte nicht zum Volk Israel. Er war ein Nichtjude. Kamen Juden in Kontakt mit einem Nichtjuden, dann waren sie nach dem jüdischen Gesetz verunreinigt und mussten sich waschen. Als Jude konnte sich Jesus durch das Anliegen des Hauptmanns durchaus beleidigt fühlen.
Frage an die älteren Kinder der Familie
Gibt es noch andere Gründe, wieso Jesus dem Hauptmann diese Frage stellt? Wollte er ihn vielleicht auf die Probe stellen, wie ernst es ihm mit seinem Anliegen ist?

Bibel lesen: Matthäus 8,5-13
Frage an alle
Was denkt ihr, wird Jesus nun tun?

Lest die Verse 10-13

Bibel entdecken
Frage an alle
Was gefällt euch an dem biblischen Text am besten?
Antwortet dem Alter nach, das jüngste Kind der Familie darf anfangen.

Der Hauptmann macht alles richtig. Er glaubt, dass Jesus, der Sohn Gottes, seinem Diener helfen kann. Er vertraut dem Wort, das Jesus sagt. Er erlebt, dass sein Glaube und sein Vertrauen belohnt werden: sein Diener wird gesund.

Bibel übertragen
Frage an die Kinder
Habt ihr schon einmal erlebt, dass man Gottes Wort vertrauen kann?

Gebet ■

---

33. Jesus nachfolgen
Bibeltext: Matthäus 8,18-22

Gebet

Zum Einstieg

Vormacher und Nachmacher
Zwei aus der Familie stellen sich gegenüber auf. Der eine tut so, als wäre er gerade aufgestanden und würde sich nun im Badezimmer für den Tag fertig machen. Der

andere versucht, wie ein Spiegel zu sein und alle Bewegungen gleichzeitig und genau nachzumachen. Damit dies gut gelingt, muss der Vormacher sich langsam, wie im Zeitlupentempo, bewegen. Tauscht nach einer Weile.

Bibel lesen: Matthäus 8,18-22
Lest den biblischen Bericht mit verteilten Rollen. Einer aus der Familie liest den Erzähltext, drei andere lesen das, was Jesus, der Gesetzeslehrer und der Freund von Jesus sagen.

Bibel entdecken
 Drei Gesichter
Nehmt euch das Zustimmungs-, Ablehnungs- und Weiß-nicht-genau – Gesicht (siehe Anhang) und legt die drei Gesichter vor euch auf den Tisch. Wählt nacheinander eines der Gesichter aus und kommentiert die Frage:
Wie findet ihr, was Jesus von den beiden Menschen, die ihm nachfolgen wollen, verlangt?

Wenn ich der Gesetzeslehrer/Freund von Jesus wäre ...
In der biblischen Geschichte steht nicht, was der Gesetzeslehrer und der Freund von Jesus antworten. Welche Antwort würdet ihr geben? Stellt euch vor, ihr wäret einer dieser beiden Menschen. Wie würdet ihr reagieren?

Bibel erklären
Was sagt Jesus eigentlich?
Ihr braucht: rote und grüne Pappreste
Jeder von euch schneidet sich einen kleinen grünen und einen kleinen roten Kreis aus dem Papprest. Haltet beide Pappmarken unter dem Tisch verborgen in der Hand. Einer liest die folgenden Aussagen vor. Wenn ihr zustimmt, legt ihr eure geschlossene Faust mit der grünen Pappmarke auf den Tisch. Stimmt ihr nicht zu, nehmt ihr die rote Marke. Öffnet gleichzeitig die Hände und beratet, wer recht hat.
Welche der folgenden Aussagen treffen auf das zu, was Jesus dem Gesetzeslehrer sagt?
Wenn du mir wirklich nachfolgen willst, dann ...
– ... wirst du immer genug zu essen haben.

– ... wirst du so weiterleben können wie bisher.
– ... wirst du deine Sicherheiten aufgeben müssen.

Welche der folgenden Aussagen treffen auf das zu, was Jesus einem seiner Freunde sagt?
Wenn du mir wirklich nachfolgen willst, dann ...
– ... wirst du alle anderen wichtigen Dinge zuerst erledigen können und mir dann nachfolgen.
– ... wird die Nachfolge das Wichtigste in deinem Leben sein.
– ... wirst du nie wieder Zeit für andere Dinge haben.

Nachfolgen und nachahmen
Die Worte hören sich gleich an, oder? Gibt es einen Unterschied?

Bibel übertragen
Nachfolge ist nicht so tun als ob. Jesus sagt: Wer mir nachfolgt, macht ganze Sache.
Überlegt gemeinsam, ob in den folgenden Aussagen die Nachfolge ernst oder nicht so ernst genommen wird.

> Bevor ich etwas von dem abgebe, was mir gehört, schaue ich erst nach, ob ich selber genug habe.

> Eine Freundin von mir, die nicht an Jesus glaubt, ist krank geworden. Ich habe sie in mein Haus eingeladen und drei Wochen gepflegt.

> Ich erzähle im Gottesdienst immer von Jesus. Auf der Arbeit nicht, weil meine Kollegen mich dann blöd anmachen.

> Als ich von der Not der Menschen in Rumänien gehört habe, konnte ich nicht anders: Ich habe mir einen Lastwagen geliehen, habe in meinem Bekanntenkreis Lebensmittel, Kleidung und Medikamente gesammelt und habe alles nach Rumänien gebracht.

> Ich habe den ganzen Tag so viel zu tun, dass ich gar nicht zum Beten komme.

Gebet ■

34. Jesus heilt einen Gelähmten
Bibeltext: Markus 2,1-12

Gebet

Zum Einstieg
Krankentransport
Ihr braucht: eine stabile Wolldecke
Ein Kind ist der Kranke und legt sich in die Decke. Die anderen Familienmitglieder fassen die Decke an den Ecken oder Seiten, heben den Kranken an und transportieren ihn vorsichtig durch das Zimmer. Jeder darf mal der Kranke sein. Ein kurzer Austausch kann sich anschließen.

Bibel lesen: Markus 2,1-12
Findet ihr den richtigen Weg durch die Schachtelgeschichte (siehe Doppelseite 104+105)? Lest ab Start. Reihum findet jeder das nächste richtige Feld. Aber Vorsicht: Manchmal geht die Geschichte in eine falsche Richtung.
Lest vorsichtshalber noch einmal Markus 2,1-12.
Seid ihr den richtigen Weg durch die Geschichte gegangen?

Bibel entdecken

Textentdeckerwürfel
Nehmt den Textentdeckerwürfel (siehe Anhang) und würfelt euch durch die biblische Geschichte.

Bibel erklären
Die Freunde bringen den Gelähmten an den richtigen Ort: zu Jesus. Sie lassen sich nicht aufhalten. Jesus heilt nicht nur die kranken Beine des Gelähmten, sondern hilft ihm auch noch, ein neues Leben mit Gott zu beginnen. Der Gelähmte freut sich sehr. Die Gesetzeslehrer, die über die Einhaltung der jüdischen Vorschriften wachen, können nicht glauben, dass Jesus der Sohn Gottes ist. Sie ärgern sich, dass Jesus dem Gelähmten hilft. In ihren Augen ist das, was Jesus tut, falsch.

Bibel übertragen

Kostbare Verse
Ihr braucht: euer Buch „Kostbare Verse" und einen Stift.

Findet ihr in dem heutigen Bibeltext einen Vers, den ihr besonders gut findet? Dann schreibt ihn in euer Buch.
Kann euch der Vers auch im Alltag helfen? Wie?

Gebet

Vorbereitung für das nächste Bibellese-Abenteuer „Das Gleichnis von der Aussaat"
Das Wachstum der Mungbohne

Ihr braucht: Mungbohnen, Gips, einen durchsichtigen Plastikbecher, etwas Wasser
Rührt den Gips nach Anweisung (recht flüssig) an. Füllt eine Handvoll Mungbohnen in den Plastikbecher und gießt den Gips darüber, sodass die Mungbohnen ganz bedeckt sind. Stellt den Becher mit dem Inhalt an eine warme Stelle und wartet ein paar Tage ab. ■

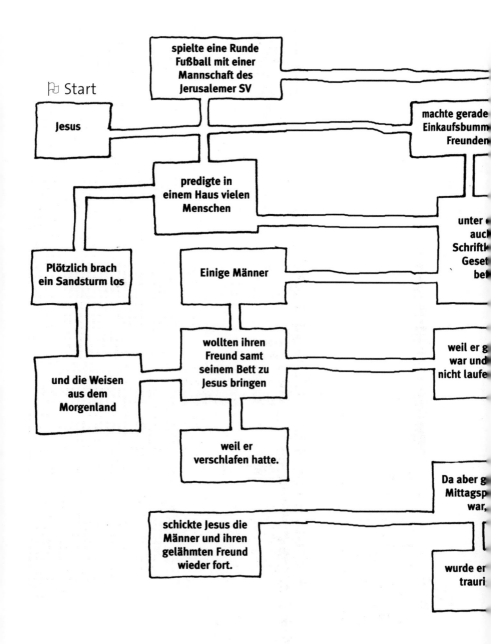

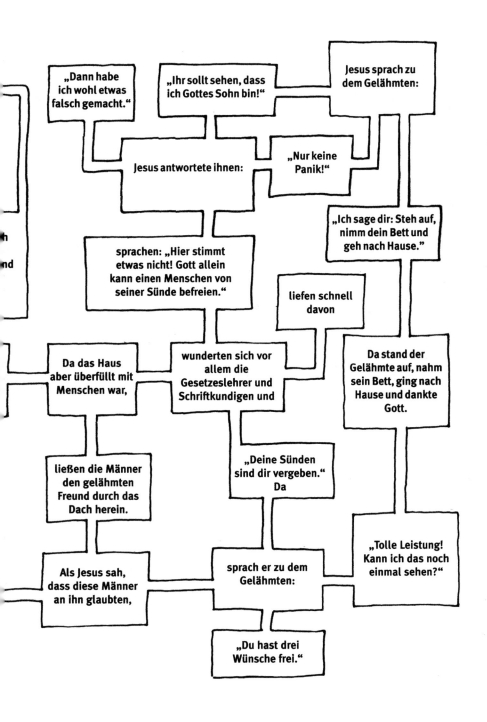

35. Jesus erzählt das Gleichnis von der Aussaat
Bibeltext: Matthäus 13,1-9.18-23

Gebet

Zum Einstieg
Das Wachstum der Mungbohne
Habt ihr das Experiment mit der Mungbohne gemacht? Hat es geklappt? Wenn nicht, ist auch nicht schlimm. Schaut euch die Bilder auf der Seite 103 an. Das jüngste Kind der Familie beschreibt genau, was es sieht.
Woran liegt es, dass die Keime den Gips sprengen?
Woran kann es liegen, wenn euer Becher anders aussieht?
Welche Gründe kann es geben, dass ein Wachstum verhindert wird?

Bibel lesen: Matthäus 13,1-9.18-23
Lest zuerst die Verse 1-9.

Bibel entdecken
Könnt ihr erkennen, was auf den folgenden Bildern zu sehen ist? Ordnet die Verse 4, 5+6, 7 und 8 den Bildern zu. Welches Bild

zeigt, was in den Versen beschrieben wird? Schreibt die Verszahl in das Bild.

Bibel lesen: Matthäus 13,1-9.18-23
Lest jetzt die Verse 18-23.

Bibel entdecken

Jesus stellt einen Vergleich auf. Zuerst hat er beschrieben, was mit einem Samen geschieht, der auf unterschiedlichen Boden fällt. Nun vergleicht er die Menschen, die Gottes Wort hören, mit diesem Samen. Auch die Menschen gehen unterschiedlich mit Gottes Wort um. Könnt ihr die Verse 19, 20+21, 22 und 23 zu den Bildern mit den Versen aus dem ersten Abschnitt zuordnen? Lest anschließend die angegebenen Verse in dem Bild noch einmal im Zusammenhang vor.

Bibel erklären

Jesus möchte deutlich machen, dass die Menschen ganz unterschiedlich mit Gottes Wort umgehen. Was würde ein Mensch, der zu dem Vergleich passt, wohl sagen? Welche Aussagen passen zu welchem Bild?

> Das, was in der Bibel steht, stimmt nicht. Das hat sich jemand ausgedacht. Wer so lebt, wie Gott es sich vorstellt, ist dumm. (Björn, 15 Jahre)

> Ich bin jeden Sonntag mit in die Kinderkirche gegangen und habe jeden Abend mit Gott geredet. Aber dann haben mich meine Freundinnen ausgelacht und mir gedroht, dass ich nicht mehr bei ihnen mitmachen darf. Da habe ich lieber nicht mehr mit Gott geredet und in die Kinderkirche bin ich auch nicht mehr gegangen. (Julia, 10 Jahre)

> Ich würde ja ganz gerne so leben, wie Gott es sich vorstellt. Aber in meinem Beruf geht das nicht. Da wird mit harten Bandagen gekämpft und jeder ist sich selbst der Nächste. Wer sich da nicht durchsetzt, hat keine Chance. Da bleibt keine Zeit für Werte wie Gerechtigkeit, Fairness oder Barmherzigkeit. (Volker, 43 Jahre)

> Ich lese gerne in den Bibel. Und ich lebe gerne in der Gemeinschaft mit anderen Christen. Ich habe bemerkt, dass es viele Mütter mit kleinen Kindern in unserer Kirche gibt. Ich habe mich entschlossen, ab nächstem Monat einen Mutter-Kind-Kreis anzufangen. (Sonja, 38 Jahre)

Bibel übertragen

Kostbare Verse
Ihr braucht: euer Buch „Kostbare Verse" und einen Stift. Findet ihr in dem heutigen Bibeltext einen Vers, den ihr besonders gut findet? Dann schreibt ihn in euer Buch. Kann euch der Vers auch im Alltag helfen? Wie?

Gebet ■

---

36. Jesus erzählt das Gleichnis vom Schatz und der Perle
Bibeltext: Matthäus 13,44-46

Gebet

Zum Einstieg
Schatzsuche
Ihr braucht: einen kleinen Schatz, geeignet sind Süßigkeiten
Nacheinander wird jeweils ein Familienmitglied aus dem Raum

geschickt. Die anderen verstecken einen kleinen Schatz. Das Familienmitglied darf nun seinen Schatz suchen.

Mein Schatz
Ihr braucht: einige Blätter Papier, Schreibstifte und Buntstifte
Jeder aus der Familie schreibt oder malt drei Dinge auf ein Blatt Papier, die für ihn wie ein Schatz sind. Zeigt euch danach die Zettel und erzählt euch von den Schätzen in eurem Leben.

Bibel lesen: Matthäus 13,44-46

Koffer-Theater
Ihr braucht: das Koffer-Theater (siehe Anhang), ein paar Holzstäbe, Pappreste und Kleber. Zwei aus der Familie malen einen Bauern mit einer Mistgabel und eine Schatztruhe auf die Pappe, schneiden diese aus und kleben sie jeweils unten an den Holzstab. Zwei aus der Familie malen zwei Menschen und eine Perle auf die Pappe, schneiden alle drei aus und kleben sie jeweils unten an einen Holzstab. Einer liest die Geschichte aus der Bibel, während die anderen dazu in der Koffer-Bühne spielen.
Lest zuerst Vers 44.
Besetzung: Ein Bauer mit Mistgabel und eine Schatztruhe.
Lest dann Vers 45.
Besetzung: Ein Kaufmann, ein Verkäufer und eine Perle.

Bibel entdecken
Frage an alle
Welche Szene hat euch am besten gefallen? Welche fandet ihr am lustigsten? Was hättet ihr anders gespielt, wenn ihr die Rolle gehabt hättet?
Fandet ihr in beiden Geschichten die Freude gut gespielt? Warum? Warum nicht?

Bibel erklären
Mit den beiden Gleichnissen will Jesus erklären, wie unglaublich wertvoll Gottes neue Welt ist. Gottes neue Welt hat begonnen, als Jesus zu uns Menschen in die Welt kam. Schon jetzt können wir mit Gott leben. Wir freuen uns darauf, einmal ganz und gar bei Gott sein zu können.

Bibel übertragen
Malgespräch
Ihr braucht: ein großes Blatt Papier und Buntstifte, Wachsmalstifte oder dicke Eddings. Legt das große Blatt vor euch und setzt euch drum herum. Jeder malt auf seine Ecke von dem Blatt, was für ihn ein Schatz bei Gott ist. Was ist kostbar daran, mit Gott zu leben? Erzählt euch anschließend von eurem Schatz.

Gebet ■

---

37. Jesus geht auf dem Wasser
Bibeltext: Matthäus 14,22-33

Gebet

Zum Einstieg
Bildbetrachtung
Schaut euch still das Bild auf der folgenden ganzen Seite an. Jeder aus der Familie sucht sich einen Ausschnitt auf dem Bild aua, den er besonders bemerkenswert findet. Auf ein Kommando tippen alle gleichzeitig mit ihrem Finger auf den ausgewählten Ausschnitt auf dem Bild.
Erzählt einander, warum ihr den Bildausschnitt ausgewählt habt.

Gibt es einen Ausschnitt auf dem Bild, der euch Angst macht? Warum?

Bibel lesen: Matthäus 14,22-33

Bibel entdecken
Schaut euch noch einmal das Bild an? Habt ihr Jesus auf dem Bild entdecken können? Wenn ihr euch die Wolken anseht, entdeckt ihr ein großes Gesicht. Sieht ziemlich gespenstisch aus.

Kein Wunder, dass die Freunde von Jesus große Angst hatten.
Über das Wasser
Hättet ihr euch getraut, was Petrus wagt?

Bibel erklären
In diesem biblischen Bericht geht es um drei wichtige Begriffe:

Vertrauen, Zweifel und Macht.

Überlegt gemeinsam
Wer vertraut? Worauf?
Wer zweifelt? Woran?
Wer hat Macht? Worüber?

Bibel übertragen
Die biblische Geschichte ist ein Bericht über ein Erlebnis von Jesus und seinen Freunden. Es lädt die Leser ein, etwas nachzumachen. Was?
a. Alle Leser sollen ein Boot kaufen, in einen Sturm geraten und auf dem Wasser laufen.
b. Alle Leser sollen Angst vor Gespenstern haben.
c. Alle Leser sollen Jesus glauben und ihm vertrauen.

Gebet ■

---

38. Jesus und die Kinder
Bibeltext: Matthäus 19,13-15

Gebet

Zum Einstieg
Jesus lässt sich gern stören
Den ganzen Vormittag schon hatten sich Ruth und Samuel darauf gefreut. Vater hatte ihnen versprochen, mit den anderen Familien aus dem Dorf an den Fluss Jordan zu gehen.

„Jesus spricht zu den Menschen", hatte Juda, der Fischer, am Morgen im Dorf verbreitet. Nun war die Mittagshitze vorbei. „Los, ihr beiden!", ruft Vater. Aus den anderen Häusern strömen die Menschen. Ruth reckt den Hals und versucht, Judith zu finden. Aber die ist wohl schon weiter vorne. Samuel hat seinen Freund David getroffen. „Darf ich mit Davids Familie laufen?", fragt er. „Geh schon!" Es dauert lange, bis Ruth das Flussufer sehen kann. Viele Menschen stehen schon dort und hören, was Jesus sagt. „Ich renne zu Jesus!", ruft Samuel. „Warte!", ruft Vater noch. Aber Samuel ist schon weg. Ruth rennt hinterher. „Ruth!", ruft Vater. Durch die Leute schlängeln sie sich. Ruth muss vor Vergnügen schreien. „Schschscht!", machen die Erwachsenen. Samuel tritt einer Frau auf das Kleid. „Pass doch auf!", ruft sie. David wirft einen Korb mit Brot um, dass die Stücke über den Boden rollen. „Hier wird nicht getobt!", fährt der Mann David an. Da vorne ist Jesus. „Hallo Jesus!", ruft Samuel. „Siehst du mich?" Die Menschen drehen sich zu den Kindern um. Unfreundlich sehen sie aus. Sie wollen sich nicht stören lassen. Einige von den Männern, die nahe bei Jesus stehen, kommen auf die Kinder zu. Einer packt Samuel am Arm. „Du störst! Mach, dass du zu deinen Leuten kommst!" „Warte!" Die Kinder schauen sich überrascht um. Wer hat das gerufen? „Lasst die Kinder zu mir kommen!", sagt Jesus. Ruth, Samuel und David stehen bei Jesus. Er legt ihnen seine Hand auf den Kopf und segnet sie.

Das fühlt sich schön an, denkt Ruth. Wie schön, dass ich Jesus nicht störe.

Frage an alle
Könnt ihr euch vorstellen, dass die Geschichte von Ruth, Samuel und David in der Bibel steht?

Bibel lesen: Matthäus 19,13-15

Bibel entdecken
Unterschiede finden
Schaut euch noch einmal die Geschichte an und vergleicht sie mit den drei Versen aus der Bibel. Was stimmt überein? Was stimmt nicht überein?

Drei Gesichter
Nehmt euch das Zustimmungs-, Ablehnungs- und Weiß-nicht-genau - Gesicht (siehe Anhang) und legt die drei Gesichter vor euch auf den Tisch. Wählt nacheinander eines der Gesichter aus und kommentiert die folgenden Fragen:
Wie findet ihr, dass die Kinder zu Jesus gebracht werden?
Wie findet ihr, dass die Kinder von den Umstehenden gehindert werden?
Wie findet ihr, dass Jesus die Kinder segnet?
Wie findet ihr, dass die Kinder den Erwachsenen zum Vorbild hingestellt werden?

Bibel erklären

Jesus macht deutlich: Kinder sind bei ihm genauso willkommen wie Erwachsene. Jeder darf zu Jesus kommen. In der damaligen Zeit war das ungewöhnlich. Wer viele Kinder hatte, war zwar angesehen, aber Kinder an sich galten nicht viel. Deshalb ist es ungewöhnlich, dass Jesus die Kinder extra zu sich ruft.
Markus, ein anderer Bibelaufschreiber, hat mitbekommen, dass Jesus sogar noch mehr gesagt hat. Lest mal bei Markus im Kapitel 10 den Vers 15. Unglaublich: Jetzt macht Jesus die Kinder auch noch zu einem Vorbild für die Erwachsenen. Was ist an den Kindern vorbildlich? Überlegt, welche der folgenden Aussagen stimmt.
a. Sie sind zu klein und verstehen noch nicht alles.
b. Sie können toll spielen und Quatsch machen.
c. Sie können einfach vertrauen und glauben, was Jesus sagt.

Frage an die Eltern
Warum ist es vorbildlich, einfach vertrauen und glauben zu können wie Kinder?

Bibel übertragen
Frage an die Kinder
Habt ihr schon mal erlebt, dass ihr in der Gemeinde/Kirche die Erwachsenen stört?
Wie fandet ihr das?
Wie können die Erwachsenen daran etwas ändern?

Gebet ∎

39. Jesus im Tempel
Bibeltext: Matthäus 21,12-17

Gebet

Zum Einstieg

> **JERUSALEMER ALLGEMEINE**
> NACHRICHTEN UND NEUHEITEN AUS DER REGION
>
> ## Mann verwüstet Tempel!
> **Händler vertrieben - geschätzter Sachschaden 320 Schekel.**
> **Unser Bericht vom Tempelplatz:**
> Gestern Nachmittag kam es in Jerusalem zu einem unerhörten Zwischenfall. Wutentbrannt stürmte ein Mann (ca. 33 Jahre) auf den Platz vor den Tempel. Dort trieb er die erschreckten Besucher ebenso fort wie die Händler, die dort wie gewohnt die Opfergaben verkauften. Dabei schubste der Mann die Menschen zu Boden, riss die Tische um, verwüstete die Stände und führte sich wie ein Wahnsinniger auf. Einer der führenden Priester sagte: „So etwas habe ich noch nie erlebt. Wie kann sich ein Mensch nur derartig im Haus Gottes aufführen? Der gehört eingesperrt." Unseren Angaben zufolge flüchtete der Mann nach seiner Tat nach Betanien.

Was denkt ihr über diesen Zwischenfall?

Bibel lesen: Matthäus 21,12-17
Lest zuerst den Vers 12.
Stimmt die Zeitungsmeldung bislang?

Lest nun Vers 17.
Stimmt die Zeitungsmeldung immer noch?

Lest nun die Verse 13-16.
Stimmt der Zeitungsartikel jetzt auch noch?

Bibel entdecken
Zeitungsartikel neu schreiben
Ihr braucht: ein großes Blatt Papier, Buntstifte, einen dicken Edding, Stifte
Werdet als Familie zu Reportern. Überlegt euch eine Überschrift für euren Zeitungsartikel und schreibt den Artikel neu. Was ist wichtig und soll im Mittelpunkt eures Artikels stehen? Welches Bild passt dazu? Wer von euch kann es malen? Wen wollt ihr befragen? Was sagt der, den ihr befragt?

Bibel erklären
Manchmal kommen in den biblischen Geschichten Dinge und Handlungen vor, die eine besondere Bedeutung haben. So ist es auch bei dieser Geschichte.
Die erste Handlung erklärt Jesus selbst (Verse 12 und 13). Offensichtlich wurde im Tempel Gottes alles andere getan, aber nicht mit Gott gesprochen und auf Gott gehört. Jesus sorgt dafür, dass der Tempel wieder zu einem Haus Gottes wird.
Die zweite Handlung (Vers 14) wird auch im Text erklärt. Entdeckt ihr die Erklärung? Sie findet sich in dem, was die Kinder rufen: „Gepriesen sei der Sohn Davids." Jesus holt Blinde und Lahme in den Tempel und heilt sie. Das war verboten. Blinde und Lahme durften nicht in den Tempel. Die Kinder verstehen: Jesus ist der versprochene Retter, der Nachkomme von David, Gottes Sohn. Bei ihm ist schon jetzt so, wie es in Gottes Reich sein wird: Die Menschen leben zusammen mit Gott, und Krankheit, Leid und Tod haben keinen Platz mehr.
Verstehen die Priester und Gesetzeslehrer, was gerade geschieht?

Bibel übertragen
Beschreibt einander, wie ihr euch die Zeit bei Gott in Gottes neuer Welt vorstellt.

Gebet ∎

40. Jesus erklärt das wichtigste Gebot
Bibeltext: Matthäus 22,34-40

Gebet

Zum Einstieg
Gebot und Verbot
Für die Menschen im Volk Israel gab und gibt es viele unterschiedliche Gebote und Verbote. Um genau zu sein: Es gibt 365 Verbote und 248 Gebote, gesamt 613.
Ein Verbot sagt, was man nicht tun soll (Du sollst nicht ...).
Ein Gebot sagt, was man tun soll (Du sollst ...).
Wenn ihr euch die zehn Gebote anseht, werdet ihr feststellen, dass darin sowohl Gebote als auch Verbote vorkommen.
Bis heute regeln die Gebote und Verbote das Leben der Juden untereinander und ihren Umgang mit Gott. Aber nicht nur für die Juden sind diese Gebote und Verbote wichtig. Manche Verbote sind zur Grundlage für das geworden, was in unserem Land und vielen anderen Ländern als richtig und falsch gilt.

Hättest du es gedacht?
Welche von den folgenden Geboten oder Verboten stammen wirklich aus der Bibel?

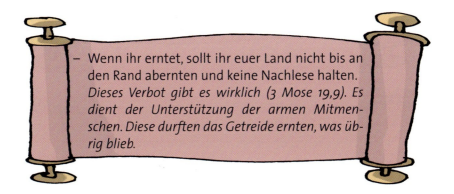

– Wenn ihr erntet, sollt ihr euer Land nicht bis an den Rand abernten und keine Nachlese halten. *Dieses Verbot gibt es wirklich (3 Mose 19,9). Es dient der Unterstützung der armen Mitmenschen. Diese durften das Getreide ernten, was übrig blieb.*

– Alle kleinen Landtiere müsst ihr verabscheuen und dürft sie auf keinen Fall essen, egal, ob sie auf dem Bauch kriechen oder sich auf vier oder mehr Füßen fortbewegen.
Dieses Verbot gibt es wirklich (3 Mose 11,41+42). Für die Menschen im Volk Israel galt seit dem Sündenfall als unrein, was auf dem Boden kriecht (die Schlange).

– Du darfst nicht reden, wenn du den Mund voll hast.
Dieses Verbot gibt es nicht. Aber sinnvoll ist diese Regel trotzdem.

– Wenn du dir ein Haus baust, musst du den Rand des Flachdachs mit einem Geländer schützen.
Dieses Gebot gibt es wirklich (5 Mose 22,8). Da sich die Menschen zur Zeit der Bibel auch auf dem Dach ihres Hauses aufhielten, war die Gefahr groß, dass sie versehentlich vom Dach fielen. Mit dem Geländer sollte dies vermieden werden.

– Jungen und Männer dürfen nicht weinen.
Dieses Verbot gibt es nicht. In unserer Gesellschaft gilt es als Zeichen von Schwäche, wenn Männer weinen.

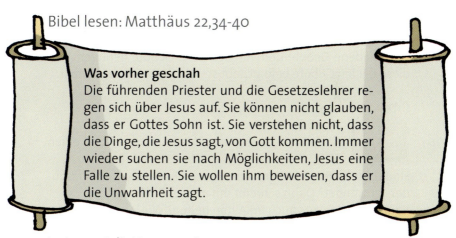

Bibel lesen: Matthäus 22,34-40

Was vorher geschah
Die führenden Priester und die Gesetzeslehrer regen sich über Jesus auf. Sie können nicht glauben, dass er Gottes Sohn ist. Sie verstehen nicht, dass die Dinge, die Jesus sagt, von Gott kommen. Immer wieder suchen sie nach Möglichkeiten, Jesus eine Falle zu stellen. Sie wollen ihm beweisen, dass er die Unwahrheit sagt.

Lest zuerst die Verse 34-36.

Bibel entdecken
Schon wieder stellen die Gesetzeslehrer Jesus eine Falle. Sie wollen prüfen, ob Jesus die Gebote und Verbote kennt und danach handelt. Wie geht Jesus mit der Falle um?

Bibel lesen: Matthäus 22,34-40
Lest jetzt die Verse 37-39.

Bibel entdecken
Was denkt ihr? Ist Jesus in die Falle getappt? War seine Antwort gut und richtig?

Bibel lesen: Matthäus 22,34-40
Lest jetzt den Vers 40.

Bibel erklären
Jesus hat eine ausgezeichnete Antwort gegeben. Wer Gott von ganzem Herzen, mit ganzem Willen du mit dem ganzen Verstand liebt, kann sich Gott gegenüber gar nicht falsch verhalten. Und wer seinen Mitmenschen so behandelt, wie er selber behandelt werden will, kann im Umgang mit dem anderen Menschen nichts falsch machen.

Jesus hat nicht nur eine ausgezeichnete Antwort gegeben. Er

hat noch mehr sichtbar gemacht. Damit die Menschen mit Gott und miteinander richtig leben können, brauchen sie nicht 613 verschiedene Gebote und Verbote. Zwei Gebote genügen. Wer diese beiden Gebote befolgt, lebt so, wie Gott es sich vorstellt.

Bibel übertragen

Kostbare Verse
Ihr braucht: euer Buch „Kostbare Verse" und einen Stift.

Findet ihr in dem heutigen Bibeltext einen Vers, den ihr besonders gut findet? Dann schreibt ihn in euer Buch.
Kann euch der Vers auch im Alltag helfen? Wie?

Gebet ■

41. Nehemia weint über sein Volk
Bibeltext: Nehemia 1,1-11

Gebet

Zum Einstieg

Wisst ihr noch, wann ihr zuletzt bitterlich geweint habt?
Warum musstet ihr weinen?
Erzählt euch einander davon.

Bibel lesen: Nehemia 1,1-11

Was vorher geschah
Die Menschen im Volk Israel wollten nicht mehr auf Gott hören. Immer wieder sprach Gott durch seine Propheten zu ihnen. Doch sein Volk ging eigene Wege. Es kam, wie es kommen musste: Ohne Gottes Hilfe konnte das Volk Israel den Angriffen der feindlichen Völker nicht mehr standhalten. Schließlich wurde die Hauptstadt Jerusalem zerstört. Viele Menschen aus dem Volk Israel wurden verschleppt. Lange Jahre lebten sie im babylonischen/persischen Reich. Oft fragten sie sich: Wann können wir endlich wieder in unsere Heimat zurückkehren? Nehemia, von dem die folgenden biblischen Geschichten handeln, gehört auch zum Volk Israel. Er ist ein angesehener Mensch am Hofe des fremden Herrschers. Er sorgt dafür, dass es dem Herrscher nicht an Getränken mangelt.

Lest zuerst den Vers 4.

Bibel entdecken
Überlegt gemeinsam
Was könnte passiert sein, dass Nehemia so traurig macht? Welche Botschaft hat er gehört?

Wenn ihr die folgende Nachricht entziffert, entdeckt ihr, was Nehemia gehört hat.

FKG OGPUEJGP ÖW JCWUG NGDGP
KP ITQUUGT PQV WPF UEJCPFG.

Das Alphabet findet ihr im Anhang.

Bibel lesen: Nehemia 1,1-11
Lest nun die Verse 1-3.

Bibel erklären

Immer wieder sehen wir in den Nachrichten Bilder von Menschen, die ihren ganzen Besitz, ihr Haus, ihr Auto, ihre Kleidung und vieles mehr durch Naturkatastrophen wie Wirbelstürme verloren haben. So ähnlich geht es den Menschen im Volk Israel. Viele haben ihren Besitz verloren, viele haben erlebt, wie Familienmitglieder und Freunde in die Gefangenschaft ziehen mussten. Die Not der Menschen in Israel ist groß.

Nicht nur deshalb weint Nehemia. Er weint auch darüber, dass die Hauptstadt Jerusalem in Trümmern liegt. Jerusalem ist die Hauptstadt des ganzen Reiches Israel. An dem Zustand der Stadt wird für jeden deutlich: Nicht nur die Stadt ist zerstört, auch das Volk liegt am Boden. Wie die Hauptstadt ohne Mauern und ohne Schutz ist, ist auch Gottes Volk ohne Beistand und Hilfe.

Bibel lesen: Nehemia 1,1-11
Lest nun die Verse 5-10.

Bibel entdecken
Nehemias Gebet
Nehemias Gebet hat es in sich. Was macht Nehemia in seinem Gebet?

> Er erinnert Gott an den _____ (nuBd), den Gott selbst mit seinem Volk Israel geschlossen hat (Vers 5).
> *Schon mit Abraham hatte Gott diesen Bund geschlossen. Er hatte versprochen, dass alle Nachkommen von Abraham zu Gottes Volk werden sollten. Diesen Bund hatte Gott immer wieder erneuert und bestätigt.*

Er bekennt die _____ (ludhcS) des ganzen Volkes und bitte Gott um _____ (reVungebg) (Vers 6-7).
Die Menschen im Volk Israel hatten nicht mehr auf Gott hören wollen. Immer wieder hatte Gott durch seine Propheten zu ihnen gesprochen. Doch sein Volk war eigene Wege gegangen.

Er erinnert Gott an sein _____ (chensprereV), sein Volk nach der _____ (rafeSt) wieder zusammenzuführen (Vers 8-10).

Bibel lesen: Nehemia 1,1-11
Lest nun Vers 11.

Bibel entdecken
Nehemias Plan
Wenn ihr die folgende Nachricht entziffert, entdeckt ihr, was Nehemia vorhat.

> KEJ YKNN FKG OCWGT WO LGTWUCNGO CWHDCWGP.

Das Alphabet findet ihr im Anhang.

Bibel erklären
Nehemias Plan ist ganz schön heikel. Schließlich waren die Menschen aus Israel als Gefangene in das Reich des Königs verschleppt worden. Und nun wollen die Gefangenen die eigene Hauptstadt wieder aufbauen? Würde der König dem zustimmen, würde er den ehemaligen Feind neu stark machen. Ganz schön heikel.

Bibel übertragen

Kostbare Verse
Ihr braucht: euer Buch „Kostbare Verse" und einen Stift.
Findet ihr in dem heutigen Bibeltext einen Vers, den ihr besonders gut findet? Dann schreibt ihn in euer Buch.
Kann euch der Vers auch im Alltag helfen? Wie?

Gebet ∎

42. Nehemia wagt eine Bitte an den König
Bibeltext: Nehemia 2,1-10

Gebet

Zum Einstieg
Heikle Bitte
Kann sich jemand in der Familie daran erinnern, schon einmal eine heikle Bitte vorgetragen zu haben. Eine heikle Bitte ist so groß, dass man nicht wissen kann, ob sie überhaupt erfüllt wird. Zum Beispiel:
Die Kinder bitten ihre Eltern, das Taschengeld von 10 € ab dem nächsten Monat zu verdreifachen.
Der Vater der Familie bittet den Arbeitgeber um ein Dienstauto.
Die Mutter der Familie hat Rückenschmerzen und bittet die Nachbarin, drei Monate lang alle Wäsche der Familie zu waschen.
Kennt ihr andere heikle Bitten? Welche?
Wie fühlt man sich, wenn man eine heikle Bitte ausspricht?

Bibel lesen: Nehemia 2,1-10

Was vorher geschah
Viele Jahre leben die Menschen aus dem Volk Gottes nach ihrer Verschleppung im babylonischen/persischen Reich. Oft fragen sie sich: Wann können wir endlich wieder in unsere Heimat zurückkehren? Nehemia gehört auch zum Volk Israel. Er ist ein angesehener Mensch am Hofe des fremden Herrschers. Als er hört, dass es dem Volk Israel in der Heimat schlecht geht, fasst er einen Plan. Er will den König bitten, dass er ihn nach Hause ziehen lässt. Dort will er die Mauer um Jerusalem wieder aufbauen. Nehemias Plan ist ganz schön heikel. Schließlich waren die Menschen aus Israel als Gefangene in das Reich des Königs verschleppt worden. Und nun wollen die Gefangenen die

eigene Hauptstadt wieder aufbauen? Würde der König dem zustimmen, würde er den ehemaligen Feind neu stark machen. Ganz schön heikel.

Lest zuerst die Verse 1-5 mit verteilten Rollen.
Einer aus der Familie liest den Erzähltext. Zwei andere lesen, was Nehemia und der König sagen. Achtet beim Lesen darauf, wie es Nehemia geht.

Bibel entdecken
Wie geht es Nehemia?
Schaut euch noch einmal die Verse 2b und 4b an.

> Nehemia fährt der Schreck in die Glieder.
> Nehemia schickt ein Stoßgebet zu Gott.

Die Entscheidung des Königs
Ihr braucht: zwei Stühle, zwei Blätter Papier, einen roten und einen grünen Stift
Stellt die beiden Stühle gegenüber im Raum auf. Schreibt mit dem grünen Stift „Dafür" und mit dem roten Stift „Dagegen" auf jeweils ein Blatt und legt ein Blatt auf jeden der beiden Stühle.
Wenn jüngere Kinder in der Familie sind
Jeweils ein Elternteil setzt sich auf einen Stuhl. Im Gespräch erwägen sie Gründe für oder gegen die Bitte Nehemias.
Wenn ältere Kinder in der Familie sind
Jeder, der einen guten Grund für oder gegen die Bitte Nehemias hat, setzt sich auf den entsprechenden Stuhl und teilt sie den anderen mit.

Stuhl-Wahl
Legt euch fest und nehmt auf dem Stuhl Platz, von dem ihr glaubt, dass er der Entscheidung des Königs entspricht.

Bibel lesen: Nehemia 2,1-10
Lest nun die Verse 6-10 mit verteilten Rollen.
Einer aus der Familie liest den Erzähltext. Zwei andere lesen, was Nehemia und der König sagen.

Bibel entdecken

Könnt ihr euch vorstellen, wie es Nehemia nun geht?
Findet ihr im biblischen Text die beiden Gründe, warum der König die Bitte Nehemias nicht nur erfüllt, sondern auch alles tut, damit Nehemias Rückkehr und sein großes Vorhaben gelingen können?
Wenn ihr die folgende Nachricht entziffert, entdeckt ihr die beiden Gründe.

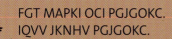

FGT MAPKI OCI PGJGOKC.
IQVV JKNHV PGJGOKC.

Das Alphabet findet ihr im Anhang.

Bibel erklären

Gott muss wirklich seine Hand im Spiel gehabt haben, sonst hätte der König Nehemia bestimmt nicht bei seinem Plan unterstützt, die Mauer der Stadt Jerusalem wieder aufzubauen.

Bibel übertragen

 Kostbare Verse
Ihr braucht: euer Buch „Kostbare Verse" und einen Stift.

Findet ihr in dem heutigen Bibeltext einen Vers, den ihr besonders gut findet? Dann schreibt ihn in euer Buch.
Kann euch der Vers auch im Alltag helfen? Wie?

Gebet ■

43. Nehemia verteidigt die Mauer
Bibeltext: Nehemia 4,1-8

Gebet

Zum Einstieg
Wart ihr schon mal bei einem Fußballspiel in einem Stadion? Habt ihr gehört, mit welchen Gesängen die jeweiligen Fangruppen für Stimmung sorgen? Solche Gesänge haben eine merkwürdige Wirkung: Sie sorgen für einen guten Zusammenhalt bei denen, die mitsingen. Sie spornen an und machen Laune.

Der folgende Stimmungsgesang ist ein wenig durcheinandergeraten. Könnt ihr dafür sorgen, dass er wieder komplett wird? Die Worte, die eingefügt werden müssten, findet ihr unter dem Text. Ein Tipp: Die Zeilen reimen sich am Ende.

    Der _____ nimmt ja doch nie ein _____,
    wir haben schon ganz _____ _____!
    Wir sind viel zu _____ und _____,
    zu bauen die _____ der _____.

Stadt, Mauer, lahme, Ende, müde, Schutt, matt, Hände

Ist das ein Stimmungsgesang? Überlegt noch mal: Wonach hört sich dieser Gesang an? Wie geht es den Menschen, die dieses Lied singen?

Bibel lesen: Nehemia 4,1-8

Was vorher geschah
Nehemia ist aus dem fremden babylonischen/persischen Reich, in das die Menschen aus dem Volk Israel vor vielen Jahren verschleppt worden waren, in die Heimat Israel zurückgekehrt. Er hat einen Plan: Er will die Stadtmauer der Hauptstadt Jerusalem wieder aufbauen. Diese Mauer ist nicht nur eine Mauer. Sie ist auch ein Zeichen dafür, wie es dem Volk Gottes geht. Noch liegt sie zerstört in Schutt und Asche.

Krempel-Kiste
In beinahe jedem Kinderzimmer steht eine Krempel-Kiste. Eine echte Krempel-Kiste ist voll mit Spielsachen, mit denen nur noch selten gespielt wird. Nehmt die Krempel-Kiste und spielt die biblische Geschichte nach, während sie gelesen wird. Sucht Figuren aus der Kiste, die Sanballat und Tobija (die Feinde Israels), Nehemia und andere Bauleute darstellen können. Könnt ihr noch eine halbfertige Mauer aufbauen? Versucht mal, beim Aufbau eurer halben Mauer den Gesang zu singen, den ihr gerade zusammengesetzt habt.
Lest nun die Verse 1-8.

Bibel entdecken

Textentdeckerwürfel
Nehmt den Textentdeckerwürfel (siehe Anhang) und würfelt euch durch die biblische Geschichte.

Bibel erklären

Nehemia war es zunächst gelungen, die Menschen aus dem Volk Israel für einen Wiederaufbau der Stadtmauer zu begeistern. Aber die Arbeit war nicht leicht und wollte kein Ende nehmen. Und die Bedrohung durch die feindlichen Völker umher nahm zu. Kein Wunder, dass die Israeliten ein Frustlied sangen. Nehemia sorgt vor und wendet die Bedrohung zunächst ab. Was erleben Nehemia und die anderen aus dem Volk Israel? Wenn ihr die folgende Nachricht entziffert, entdeckt ihr es.

IQVV KUV ITQUU WPF OÜEJVKI!

Das Alphabet findet ihr im Anhang.

Bibel übertragen

Kostbare Verse
Ihr braucht: euer Buch „Kostbare Verse" und einen Stift.
Findet ihr in dem heutigen Bibeltext einen Vers, den ihr besonders gut findet? Dann schreibt ihn in euer Buch.
Kann euch der Vers auch im Alltag helfen? Wie?

Gebet ∎

---

44. Nehemia vollendet den Mauerbau
Bibeltext: Nehemia 6,1-16

Gebet

Zum Einstieg
Gerüchteküche
Weißt du, wie man ein gemeines Gerücht kocht?
Man nehme: eine Portion Ahnung, drei Scheiben

Vermutung, einen kleinen Löffel mit halbem Wissen, eine Prise Gemeinheit, einen halben Messbecher voll wilde Fantasie. Alle Zutaten werden mit scharfer Zunge gerührt und mit böser Absicht abgekocht.

Hast du ein solches fieses Gerücht schon einmal essen müssen? Überlegt, welche von den folgenden Gerüchten fiese Gerüchte sind:

> Ein Kollege erzählt bei der Mittagspause in der Kantine:
> Ich habe Kollegen Schmidt neulich mit einer fremden Frau im Auto vorbeifahren sehen. Bestimmt ist dies seine Geliebte. Vermutlich will er seine Frau und seine Kinder verlassen. Das wundert mich nicht. Er konnte noch nie Verantwortung übernehmen.

> Ein Kind erzählt auf dem Schulhof:
> Der Alex hatte heute ein neues Nintendo-Spiel dabei. Die Familie hat doch gar kein Geld. Bestimmt hat der es im Laden geklaut, um damit angeben zu können. Wäre ja nicht das erste Mal.

> Eine Freundin erzählt der anderen
> Meine Nachbarin hat ein neues Auto gekauft. Bestimmt braucht sie es, weil jetzt beide Eltern eine Arbeitsstelle haben. Gut für die Familie!

Was geschieht mit solchen Gerüchten?

Bibel lesen: Nehemia 6,1-16

Was vorher geschah
Nehemia ist aus dem fremden babylonischen/persischen Reich, in das die Menschen aus dem Volk Israel vor vielen Jahren verschleppt worden waren, in die Heimat Israel zurückgekehrt. Er hat einen Plan: Er will die Stadtmauer der Hauptstadt Jerusalem wieder

aufbauen. Diese Mauer ist nicht nur eine Mauer. Sie ist auch ein Zeichen dafür, wie es dem Volk Gottes geht. Noch liegt sie zerstört in Schutt und Asche. Die Arbeit beginnt. Doch es will nicht richtig vorangehen und die feindlichen Völker bedrohen die Menschen in Israel erneut. Sie wollen nicht, dass die Israeliten wieder an Kraft und Stärke gewinnen.

Folgendes Gerücht soll, so wird behauptet, die Runde bei den feindlichen Völkern rund um Israel machen:

Die Israeliten bereiten einen Aufstand vor. Deshalb bauen sie die Mauer wieder auf. Nehemia wird der neue König des Volkes Israel sein.

Überlegt gemeinsam
Welche Folgen hätte es, wenn ein solches Gerücht die Runde machen würde? Wer setzt ein solches Gerücht in die Welt? Welche Absicht verfolgt der Gerüchtekoch?

Lest die Verse 1-9.

Bibel entdecken
Könnt ihr die folgenden Fragen nun beantworten?
Wer setzt ein solches Gerücht in die Welt?
Welche Absicht verfolgt der Gerüchtekoch?

Die Feinde Israels versuchen alles, um zu verhindern, dass der Mauerbau fertiggestellt wird. Noch geben sie nicht auf. Wenn ihr die folgende Nachricht entziffert, entdeckt ihr, was die Feinde noch versuchen.

FGT RTQRJGV UEJGOCLC YKTF DGUVQEJGP.

Das Alphabet findet ihr im Anhang.

Bibel lesen: Nehemia 6,1-16
Lest die Verse 9-14.

Bibel entdecken
Ganz schön gemein, oder? Wie gut, dass Gott Nehemia beisteht.

Bibel lesen: Nehemia 6,1-16
Lest die Verse 15+16.

Bibel entdecken
Nehemia weiß, aus welchem Grund der große Plan schließlich gelingt.

GU KUV IQVVGU YGTM.

Das Alphabet findet ihr im Anhang.

Bibel erklären
Ob es das Gerücht, dass Sanballat anführt, wirklich gegeben hat? Mag sein. Gestimmt hat/hätte es nicht. Die Menschen aus Gottes Volk planten weder einen Aufstand, noch sollte Nehemia neuer König im Land Israel werden. Die Feinde des Volkes Israel hatten natürlich die Befürchtung, dass Gottes Volk wieder zu der alten Stärke zurückkehren würde. Bis heute herrscht feindliche Stimmung zwischen den Menschen in Israel und den umliegenden Völkern.

Bibel übertragen

Kostbare Verse
Ihr braucht: euer Buch „Kostbare Verse" und einen Stift.
Findet ihr in dem heutigen Bibeltext einen Vers, den ihr besonders gut findet? Dann schreibt ihn in euer Buch.
Kann euch der Vers auch im Alltag helfen? Wie?

Gebet ■

45. Jona flieht vor seinem Auftrag
Bibeltext: Jona 1,1-16

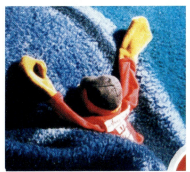

Gebet

Zum Einstieg
Spiel: Lehmann sagt
Einer ist Lehmann. Lehmann sagt, was die anderen Familienmitglieder tun sollen: Aufstehen, Hinsetzen, Hüpfen, Grunzen, Quietschen. Die Aufträge von Lehmann dürfen nur ausgeführt werden, wenn Lehmann sagt: „Lehmann sagt: Aufstehen!" Sagt Lehmann „Aufstehen!", darf dies auf keinen Fall gemacht werden. Wer sich vertut, bekommt einen farbigen Punkt auf die Stirn. Natürlich kann jeder mal der Lehmann sein.

Bibel lesen: Jona 1,1-16
Ist die Geschichte von Jona schon gut bekannt, können die Verse 1-16 aus dem ersten Kapitel auch durch das kleine Jona-Quiz ersetzt werden. Die Fragen werden gestellt und reihum beantwortet. Weiß einer die Antwort nicht, ist der nächste dran. Die Buchstaben vor der richtigen Antwort ergeben in Reihenfolge eine zusammenfassende Aussage.

Wer kann das sein?

Das kleine Jona-Quiz
1. Jona ist von Beruf ein
j. Prophet
k. Fischer

2. Jona bekommt einen wichtigen Auftrag von
n. seiner Mutter
o. Gott

3. Jona soll sich auf dem Weg in folgende Stadt machen und dort den Menschen von Gott erzählen:
n. Ninive
o. Tarsis/Tarschisch

4. Jona will den Auftrag nicht annehmen. Er beschließt,
z. so zu tun, als hätte er Gott nicht gehört.
a. in die entgegengesetzte Richtung davonzulaufen.

5. In der Hafenstadt Jafo besteigt Jona ein
f. Schiff
g. Flugzeug

6. Auf dem Meer gerät das Schiff in einen Sturm, den
k. die kalte Hochdruckfront aus dem Westen verursacht hat.
l. Gott geschickt hat.

7. Die Seeleute bekommen große Angst und
i. jeder betet zu seinem Gott.
j. jeder benachrichtigt seine Familie zu Hause.

8. Jona hat sich
d. hinter dem großen Segelmast versteckt und zittert wie Espenlaub.
e. in seine Koje verkrochen und schläft fest.

9. Die Seeleute ahnen, dass mit Jona etwas nicht stimmt. Jona gesteht ihnen:
h. Ich bin auf der Flucht vor Gott.
i. Ich habe das Geld für die Überfahrt nicht bezahlt.

10. Um den Sturm zu beruhigen,
s. gießen die Seeleute tonnenweise Öl ins Wasser.
t. lässt sich Jona über Bord ins tosende Meer werfen.

Lösung: _ _ _ _   _ _ _ _ _ _ vor Gott.

Bibel entdecken

 Drei Gesichter

Für die folgenden Fragen/Aussagen braucht jeder von euch ein Zustimmungs-, ein Ablehnungs- und ein Weiß-nicht-genau – Gesicht (siehe Anhang). Wer zustimmt oder es gut findet, zeigt das Zustimmungsgesicht, wer ablehnt oder es blöd findet, das Ablehnungsgesicht. Wer es nicht genau weiß, zeigt dieses Gesicht.

1. Wie findet ihr es, dass Gott seinem Propheten Jona einen Auftrag gibt?
   Hat jemand ein Ablehnungsgesicht gezeigt? Warum?
2. Wie findet ihr es, dass Jona den Menschen in Ninive Gottes Strafe ankündigen muss?
   Hat jemand ein Zustimmungsgesicht gezeigt? Warum?

3. Wie findet ihr es, dass Jona flieht?
   Hat jemand ein Zustimmungsgesicht gezeigt? Warum?
4. Wie findet ihr es, dass Gott einen Sturm schickt?
   Hat jemand ein Zustimmungsgesicht gezeigt? Warum?
5. Wie findet ihr es, dass Jona sich über Bord werfen lässt?
   Hat jemand ein Ablehnungsgesicht gezeigt? Warum?

Bibel erklären

Jona ist Gottes Prophet und soll den Menschen sagen, was Gott ihnen zu sagen hat. Er bekommt einen schwierigen Auftrag und will fliehen. Erst als das Schiff in einen schweren Sturm gerät, begreift Jona, dass er vor Gott nicht davonlaufen kann.
Frage an alle
Warum lässt Jona sich über Bord werfen?
Lest noch einmal Vers 12 und Vers 14.
Frage an alle
Findet ihr etwas merkwürdig an diesen Versen?
Lest noch einmal Vers 5a.

Merkwürdig ist, dass die Seeleute zuerst zu irgendwelchen Göttern beten. Nachdem Jona ihnen seine Geschichte erzählt hat (Vers 9+10), begreifen die Seeleute: Jonas Gott ist ein mächtiger Gott. In ihrem Gebet in Vers 14 wenden sie sich an den Gott, von dem Jona ihnen erzählt hat.

Bibel übertragen

 Drei Gesichter
Nehmt euch noch einmal die drei Gesichter.

1. Macht es euch Angst, dass man vor Gott nicht davonlaufen kann? Warum? Warum nicht?
2. Macht es euch Mut, dass Gott mächtiger als der Sturm ist? Warum? Warum nicht?

Gebet

Tipp

Eine Nacherzählung der biblischen Geschichte findet sich auf der Internetseite des Bibellesebundes unter www.bibellesebund.de/Bibellese-Abenteuer. ∎

46. Jona betet im großen Fisch
Bibeltext: Jona 2,1-11

Gebet

Zum Einstieg

 Schaut euch mal das Bild aus unserer Krempel-Kisten-Geschichte (Seite 134+135) an. Wir haben mit Spielzeug aus der Krempel-Kiste die Geschichte von Jona nachgespielt. Dieses Bild zeigt, was mit Jona geschieht, nachdem er über Bord in das tosende Meer geworfen wurde.
Frage an das jüngste Kind
Was stimmt nicht auf diesem Bild?

Bibel lesen: Jona 2,1-11

Was vorher geschah
Jona hat von Gott den Auftrag bekommen, den Menschen in der großen Stadt Ninive Gottes Strafe anzukündigen. Weil Jona diesen Auftrag nicht annehmen

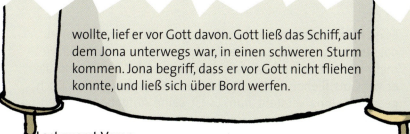

wollte, lief er vor Gott davon. Gott ließ das Schiff, auf dem Jona unterwegs war, in einen schweren Sturm kommen. Jona begriff, dass er vor Gott nicht fliehen konnte, und ließ sich über Bord werfen.

Lest zuerst Vers 1.
Und jetzt? Was soll Jona jetzt machen?

Bibel entdecken
Ich sitze im Bauch des Fisches und …
Spielt eine Runde Kofferpacken mal anders. Stellt euch vor, ihr würdet im Bauch eines riesigen Fisches sitzen. Drei Tage und drei Nächte lang. Was würdet ihr dort machen?
Ein Kind beginnt mit dem Satz „Ich sitze im Bauch des Fisches und …". Dann sagt es, was es tun würde. Jetzt ist das nächste Familienmitglied dran. Es wiederholt das, was das erste Kind gesagt hat und hängt eine eigene Tätigkeit an. Wer schafft die längste Satzkette?

Bibel lesen: Jona 2,1-11
Was macht Jona im Bauch des Fisches?
Lest die Verse 2-10.

Bibel entdecken
Frage an alle
Zuerst wollte Jona vor Gott davonlaufen. Und was macht er jetzt?

.(3 sreV) ttoG hcan toN renies ni tfur anoJ
.(7 sreV) efliH setttoG tbelre anoJ
(01 sreV) toN red sua gnutteR eid rüf ttoG tknad anoJ

Bibel lesen: Jona 2,1-11
Was passiert, nachdem Jona gebetet hat?
Lest jetzt Vers 11.

Bibel erklären
Frage an alle
Was ist mit Jona passiert?

Es ist nicht zu übersehen: Jona hat sich verändert. Er hat erlebt, dass er vor Gott nicht davonlaufen kann. Aber Jona hat noch viel mehr erlebt. Er hat erlebt, dass Gott ihn rettet. Gerade dann, als er vor Gott fliehen wollte. Deshalb hat Gott den großen Fisch geschickt. Jona versteht nun: Es ist seine Aufgabe, den Menschen in der Stadt Ninive von Gott zu erzählen.

Bibel übertragen

Zeichnet den Fisch ab oder kopiert die Vorlage einige Male. Die Kinder, die noch nicht schreiben können, können Jona in den Bauch des Fisches malen. Die anderen Familienmitglieder können sich einen Vers aus Jonas Gedicht, den sie besonders gut finden, in den Fischbauch schreiben. Der Fisch kann ausgeschnitten und aufgehängt werden.

Gebet

Tipp
Eine Nacherzählung der biblischen Geschichte findet sich auf der Internetseite des Bibellesebundes unter www.bibellesebund.de/Bibellese-Abenteuer. ∎

47. Jona geht nach Ninive
Bibeltext: Jona 3,1-10

Gebet

Zum Einstieg
Frage an die Eltern
Habt ihr schon mal einem anderen Menschen eine schlechte Nachricht sagen müssen?
Erzählt: Wie war das? Wie ist es euch dabei ergangen?
Bildausschnitt betrachten
Schaut euch den Ausschnitt des Bildes an, das wir mit der Krempel-Kiste erstellt haben. Das jüngste Kind der Familie beschreibt, was es sieht.

Bibel lesen: Jona 3,1-10

Was vorher geschah
Gott hatte Jona den Auftrag gegeben, den Menschen aus der großen Stadt Ninive eine Strafe

anzukündigen. Aber Jona wollte den Auftrag nicht annehmen und war vor Gott davongelaufen. Als das Schiff, auf dem Jona unterwegs war, in einen schweren Sturm geriet, ließ Jona sich über Bord werfen. Ein großer Fisch rettete Jona vor dem Ertrinken. Im Bauch des Fisches entschied Jona sich, auf Gott zu hören.

Mit Jona auf Fantasiereise

Könnt ihr euch vorstellen, wie Jona sich auf den Weg zur Stadt Ninive macht? Ein Elternteil liest den Text vor. Die anderen schließen die Augen und gehen mit Jona nach Ninive.

Mein Name ist Jona. Gott hat mir einen Auftrag gegeben. Zuerst bin ich davongelaufen. Aber dann habe ich Gottes Auftrag doch angenommen. Der Fisch, der mich aus dem tosenden Meer gerettet hat, hat mich am Ufer ausgespuckt. Ich laufe am Strand entlang. Der Sand ist weich unter meinen Füßen. Ein paar Fischer machen ihre Boote fertig. „Ninive?", frage ich. Sie zeigen mir die Richtung. Der Boden unter meinen Füßen wird härter. Erde und Steine. Ein Weg. Wie lange ich wohl laufen muss? Die Sonne blendet. Ich schütze meine Augen mit der Hand. Ich sehe die ersten Häuser. Menschen sind auf den Feldern unterwegs. Immer mehr Häuser. Die Stadt ist riesig. Ich kann mit meinen Augen nicht erfassen, wie groß die Stadt ist. „Ninive?", frage ich einen Bauern vor seiner Hütte. Er nickt mir zu. Die Mauern um die Stadt sind hoch. Das Stadttor, auf das ich zulaufe, ist dick. Steine knirschen unter meinen Füßen. Menschen strömen aus der Stadt heraus und in die Stadt hinein. Ein Haus reiht sich an das andere. Und überall sind Menschen. Viele Stimmen höre ich. Viele Gesichter schaue ich an. Ich sehe zu viele kranke Menschen am Straßenrand. Ich höre zu viele Schreie. Ich sehe zu viele bettelnde Kinder. Ich höre zu viele Flüche. Ich sehe zu viel Streit. Ich höre zu viele Klagen. Ich sehe zu viele Tränen. Stundenlang laufe ich tiefer in das Meer von Häusern und Menschen hinein. Einen ganzen Tag lang sehe ich die vielen Gesichter und höre die vielen Stimmen. Dann bin ich angekommen. Mitten auf einem großen Platz. Ich bleibe stehen. Zuerst strömen die Menschen an mir vorbei. Dann bleiben sie stehen. Einer nach dem anderen. Als sich eine Menge von Menschen um mich gesammelt hat, erfülle ich meinen Auftrag. Ich hole tief Luft. Laut muss meine Stimme sein, damit mich möglichst viele Menschen hören. Dann richte ich Gottes Botschaft aus: „Noch 40 Tag und Ninive ist ein Trümmerhaufen!" Die Menschen in Ninive haben Gottes Botschaft gehört. Was werden sie nun tun?

Lest zuerst die Verse 1-4.
Einer von euch, der lesen kann, liest die Verse laut vor.

Bibel entdecken
Jona hat sich gefragt: Was werden die Menschen in Ninive mit Gottes Botschaft tun? Gott hat ihnen angekündigt, dass er die ganze Stadt Ninive vernichten wird, weil die Menschen nicht nach Gottes guten Ordnungen leben, sondern einander viel Böses antun (Jona 1,2).
Frage an alle
Jeder von euch überlegt sich, was in Ninive nun geschehen wird. Nacheinander verratet ihr den anderen Familienmitgliedern eure Vermutung.

Bibel lesen: Jona 3,1-10
Lest jetzt die Verse 5-9.

Bibel entdecken
Wer von euch lag mit seiner Vermutung richtig? Hättet ihr das gedacht, dass die Menschen in Ninive tatsächlich auf Gott hören?
Frage an alle
Was wird nun in Ninive geschehen? Die Menschen haben auf Gottes Botschaft gehört. Sie wollen nun auf Gott hören und nach seinen guten Ordnungen leben. Was wird Gott nun tun? Jeder von euch überlegt sich, was in Ninive nun geschehen wird. Nacheinander verratet ihr den anderen Familienmitgliedern eure Vermutung.

Bibel lesen: Jona 3,1-10
Lest jetzt Vers 10.

Bibel entdecken
Wer lag mit seiner Vermutung richtig? Hättet ihr gedacht, dass Gott sein Vorhaben ändert und die Menschen in Ninive verschont?
Frage an alle
Wie wird die Geschichte nun weitergehen? Bestimmt sind alle glücklich und zufrieden, oder?

Bibel erklären
Jona führt Gottes Auftrag aus und übermittelt Gottes Botschaft. Ob Jona damit gerechnet hat, dass die Menschen in Ninive auf Gott hören und sich ändern? Die Menschen in Ninive verstehen, dass sie falsch gelebt haben, und bitten Gott um Vergebung. Sie wollen von nun an mit Gott und nach seinen guten Ordnungen leben. Gott kommt auch bei den Menschen zu seinem Ziel, die ihn vorher noch nicht kannten und die nicht zu seinem Volk Israel gehören.

Bibel übertragen

Kostbare Verse
Ihr braucht: euer Buch „Kostbare Verse" und einen Stift.
Findet ihr in dem heutigen Bibeltext einen Vers, den ihr besonders gut findet? Dann schreibt ihn in euer Buch.
Kann euch der Vers auch im Alltag helfen? Wie?

Gebet

Tipp
Eine Nacherzählung der biblischen Geschichte findet sich auf der Internetseite des Bibellesebundes unter www.bibellesebund.de/Bibellese-Abenteuer. ■

48. Jona und der Wurm
Bibeltext: Jona 4,1-11

Gebet

Zum Einstieg
Geschichte weitererzählen
Einer aus der Familie, der lesen kann, liest die Geschichte vor. Danach wählt sich jedes Familienmitglied eine der drei möglichen Fortsetzungen aus und schreibt den Buchstaben auf einen Zettel.

Lasse keucht, als er am Bolzplatz ankommt. Er ist so schnell gerannt, dass er keine Luft mehr kriegt. So wütend hat er Mama selten erlebt. Am hinteren Tor sieht er seinen Bruder. „Benno!", schreit er und fuchtelt mit den Armen. Benno hört ihn nicht. Lasse schreit noch lauter: „Benno!". „Was ist los?", fragt Benno, als er angetrabt kommt. Lasse keucht immer noch. „Mama schickt mich. Du sollst sofort nach Hause kommen." Benno runzelt die Stirn. „Wieso?", will er wissen. „Na, weil du zum dritten Mal hintereinander deine Nachhilfe vergessen

hast. Mama ist voll wütend", berichtet Lasse. Benno klatscht sich mit der Hand vor die Stirn, dass es knallt. „Mist", flucht er. „Das habe ich echt verpeilt. War Mama doll sauer?" Lasse nickt. „Sie hat gesagt, du würdest richtigen Mordsärger kriegen, zwei Wochen Fernsehverbot und eine Woche nicht auf den Bolzplatz." Benno reißt die Augen auf. Dann rennt er an Lasse vorbei, dass es staubt.
Lasse trottet langsam die Treppe zur Wohnung hoch. Er lauscht. Eigentlich müsste er hier draußen mitkriegen, wenn Mama schreit. Aber alles ist still. Lasse drückt die Wohnungstür auf und geht durch den Flur. Aus der Küche hört er Bennos Stimme. „... echt leid. Ich hab`s vergessen. Es passiert mir nicht noch einmal. Bestimmt nicht!" Lasse stößt die Küchentür auf. Mama hält Benno im Arm. „Na gut!", sagt sie. „Dann will ich es dieses Mal gut sein lassen." „Keine Strafe?", fragt Benno. „Keine Strafe", nickt Mama und drückt Benno noch einmal an sich.

Wie soll die Geschichte weitergehen? Die ausgewählten Möglichkeiten werden einander noch nicht verraten.

Möglichkeit A
Lasse atmet auf. „Ich freu mich!", sagt er und knufft seinem Bruder in die Seite, als der an ihm vorbeiläuft. „Dann ist ja alles wieder gut."

Möglichkeit B
„Was?", regt sich Lasse auf. „Das gibt es doch gar nicht! Der Benno verpeilt dreimal hintereinander die Nachhilfe und kriegt kein bisschen Ärger? Warum musste ich dann zum Bolzplatz rennen und ihn holen? Der Benno muss jetzt eine Strafe bekommen!"

Möglichkeit C
Lasse macht ein paar Schritte zurück und schließt leise die Küchentür hinter sich. Er will Mama und Benno nicht stören. Dann geht er in sein Zimmer.

Bibel lesen: Jona 4,1-11

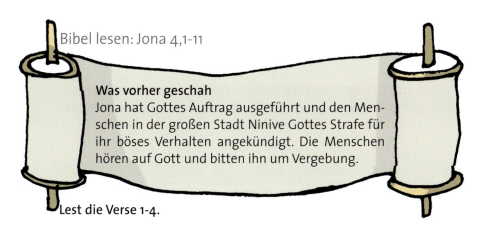

Was vorher geschah
Jona hat Gottes Auftrag ausgeführt und den Menschen in der großen Stadt Ninive Gottes Strafe für ihr böses Verhalten angekündigt. Die Menschen hören auf Gott und bitten ihn um Vergebung.

Lest die Verse 1-4.

Bibel entdecken
Welche Lösungen für die Geschichte von Lasse und Benno habt ihr gewählt? Warum? Was würdet ihr Lasse sagen?
Frage an alle
Habt ihr eine Idee, warum Jona so zornig ist? Hat Jona recht mit seinem Zorn?
Was würdet ihr Jona sagen?

Bibel lesen: Jona 4,1-11
Lest jetzt die Verse 5-11.

Bibel erklären
Gott ist nicht nur den Menschen in Ninive gegenüber barmherzig, sondern auch Jona gegenüber. Überlegt gemeinsam, wo Jona Gottes Barmherzigkeit erlebt hat. Ein Tipp: Lest noch mal Jona 2,1. Auch Jona hätte eigentlich eine Strafe für seinen Ungehorsam verdient gehabt. Ob Jona verstehen kann, dass Gottes Barmherzigkeit besser als Gottes Strafe ist?

Bibel übertragen
Frage an die Kinder
Habt ihr schon mal erlebt, dass ihr einer Strafe entgangen seid, die ihr eigentlich verdient hattet? Wie war das?
Frage an die Eltern
Habt ihr erlebt, dass Gottes Barmherzigkeit besser als Gottes Strafe ist? Wie war das?

Gebet

Tipp
Eine Nacherzählung der biblischen Geschichte findet sich auf der Internetseite des Bibellesebundes unter www.bibellese-bund.de/Bibellese-Abenteuer. ∎

---

49. Jesaja sieht Gottes neues Reich
Bibeltext: Jesaja 60,1-3

Gebet

Zum Einstieg
Ihr braucht: Teelicht, Streichhölzer oder Feuerzeug
Setzt euch für dieses Bibellese-Abenteuer in ein Zimmer, das sich ganz verdunkeln lässt. Macht es so dunkel wie möglich im Zimmer. Sitzt eine Weile in der Dunkelheit. Keiner sagt ein Wort (wenn ihr es aushaltet). Nehmt euch an der Hand, wenn ihr Angst habt.
Zündet das Teelicht an.

Sitzt beim Schein des Teelichtes zusammen und erzählt einander, wie ihr es empfunden hat, als in der Dunkelheit das Licht aufleuchtete.

Bibel lesen: Jesaja 60,1-3

Was vorher geschah
Jesaja wirkt als Gottes Prophet in Israel zu einer Zeit, in der das Volk Israel bedroht ist. Das Volk der Assyrer hat begonnen, andere Länder im Mittelmeerraum anzugreifen und will auch das Land Israel erobern. In dieser schweren Zeit vergessen

die Menschen in Israel, nach Gottes Hilfe zu fragen. Obwohl Jesaja versucht, sie an Gottes Macht zu erinnern, hören sie nicht auf ihn. Schließlich ist das ganze Land von den feindlichen Kämpfern besetzt und die Hauptstadt Jerusalem wird belagert. Es scheint keine Hoffnung mehr zu geben.

Einer aus der Familie liest die drei Verse zweimal hintereinander vor. Die anderen hören zu und merken sich ein Wort aus dem Text, dass sie besonders bemerkenswert (schön, gut) finden.

Bibel entdecken
Runde 1
Einer nach dem anderen spricht sein Wort laut aus.
Runde 2
Einer nach dem anderen spricht sein Wort laut aus und sagt dazu, was er daran bemerkenswert (schön, gut) findet.

 Textentdeckerwürfel
Nehmt den Textentdeckerwürfel (siehe Anhang) und würfelt euch durch die biblische Geschichte.

Bibel erklären
Mitten in die Zeit größter Bedrohung (siehe *Was vorher geschah*) verheißt Gott durch seinen Propheten Jesaja große Hoffnung. Er kündigt an, dass es nicht auf ewig dunkel bleiben wird. Gott wird hell wie die Sonne zu seinem Volk kommen und sein Reich aufbauen. Die Dunkelheit wird hell werden. Mit Jesus erfüllt sich, was Gott versprochen hat.
Denkt mal an den Adventskranz. Er ist ein Symbol dafür, dass das Licht Gottes in unserer Welt immer heller wird.

Bibel übertragen

Licht leuchtet
Ihr braucht: Pappe, Teelichter, Schere, Kleber, Würfel, Streichhölzer oder Feuerzeug
Baut entsprechend der Vorlage

(siehe Anhang) einen Leuchtturm. Er muss groß genug sein, dass ein Teelicht hinein passt, ohne dass der Leuchtturm anbrennt. Vergesst den Schlitz am Leuchtturm nicht. Malt ein Spielfeld entsprechend der Vorlage auf. Stellt den Leuchtturm in die Mitte, den Schlitz auf eines der Felder gerichtet. Wenn es dunkel im Zimmer ist, leuchtet das Teelicht im Leuchtturm durch den Schlitz auf das Feld.
Stellt nun für jedes Familienmitglied ein Teelicht auf das Feld, das dem erleuchteten Feld gegenüberliegt. Würfelt reihum.
Zeigt der Würfel 1 oder 2, könnt ihr euer Teelicht ein Feld nach links oder rechts bewegen.
Zeigt der Würfel 3 oder 4, wird der Leuchtturm ein Feld weiter nach rechts oder links gedreht.
Zeigt der Würfel 5 oder 6, darf nicht gedreht oder geschoben werden.
Wenn ein Teelicht in den Schein des Leuchtturms kommt, darf es angezündet werden. Es spielt weiter mit. Kommt es nun auf ein Feld, auf dem ein Teelicht steht, das noch nicht entzündet ist, darf es das andere Teelicht entzünden.

Frage an alle
Was können wir dafür tun, damit es in unserer Welt hell wird?

Gebet ∎

---

50. Sacharja sieht Gottes neues Reich
Bibeltext: Sacharja 8,1-8

Gebet

Zum Einstieg

Was vorher geschah
Sacharja, der Prophet Gottes, wirkt in Israel in einer Zeit, in der Jerusalem noch weitestgehend zerstört ist. Viele aus dem Volk Israel sind noch in den fernen Ländern, in die sie nach der Zerstörung Jerusalems verschleppt worden sind. Bislang sind nur einige von ihnen nach Jerusalem zurückgekehrt. Schutzlos sind die Menschen in Israel und in Jerusalem den feindlichen Völkern umher ausgesetzt. Die Menschen im Volk Israel fragen: Wann wird Gott sein Volk sammeln und seine Macht zeigen?

Bibel lesen: Sacharja 8,1-8
Einer aus der Familie liest vor. Die anderen hören zu: Wie beschreibt der Prophet Gottes Reich?

Bibel entdecken

Bild malen
Ihr braucht: ein großes Blatt Papier, Buntstifte
Legt das Blatt so vor euch auf den Tisch, dass jeder von euch auf seiner Seite des Blattes malen kann.
Einer aus der Familie liest noch einmal die Verse 3, 4 und 7. Überlegt gemeinsam:
Wie sieht es aus, wenn Gott in seiner Stadt Jerusalem wohnt? (Vers 3)
Was geschieht auf den Plätzen in der Stadt? (Vers 4)
Wer kommt aus allen Richtungen zurück in die Stadt geströmt? (Vers 7)

Bibel erklären

In den Worten der Propheten wird oft über Jerusalem gesprochen, die Hauptstadt des Reiches Israel. Für die Menschen in der

Zeit der Bibel hatten die Worte der Propheten eine Bedeutung, die sich auf ihre Zeit bezog. Was sagt ihnen der Prophet? Was habt ihr auf dem Bild gemalt?
– Wenn Gott sich seinem Volk Israel wieder zuwendet, wird der Krieg vorbei sein.

Findet ihr die Zeichen für die Friedenszeit, die mit Gottes neuem Reich beginnen wird?

Viele aus dem Volk Israel glaubten, dass sich die Prophezeiung so erfüllt, dass das Volk Israel seine Feinde besiegt und zu einem großen Volk auf dieser Erde wird. Deshalb waren sie enttäuscht, als mit Jesus Gottes Reich ganz anders begann.

Bibel übertragen

Wenn wir den Text heute lesen, verstehen wir unter Jerusalem nicht nur die Stadt, sondern auch die Menschen, die zum Volk Gottes gehören. Der Text hat auch mit uns heute zu tun.
– Wenn Gottes Reich beginnt, werden Gottes Ordnungen für die Menschen gelten.

Findet ihr die Zeichen für die Friedenszeit, die mit Gottes neuem Reich beginnen wird?
Das, was für die Menschen damals galt, gilt für uns heute ebenso.

Mit Jesus hat Gottes Reich schon angefangen. Jesus hat vorgemacht, wie es ist, wenn Menschen nach Gottes Ordnungen leben. Daran denken wir im Advent besonders.

 Kostbare Verse
Ihr braucht: euer Buch „Kostbare Verse" und einen Stift.

Findet ihr in dem heutigen Bibeltext einen Vers, den ihr besonders gut findet? Dann schreibt ihn in euer Buch.
Kann euch der Vers auch im Alltag helfen? Wie?

Gebet ■

51. Die Geburt von Jesus wird angekündigt
Bibeltext: Lukas 1,26-38

Gebet

Zum Einstieg
Verkleidung
Im biblischen Text, der gleich gelesen wird, spielen zwei Personen eine wichtige Rolle: der Engel Gabriel und die junge Frau Maria. Besorgt Verkleidung, um die beiden Personen darstellen zu können.

Was wurde gesagt?
Bildet je nach Alter der Kinder Teams: bei jüngeren Kinder bildet immer ein Elternteil mit einem Kind oder ein älteres mit einem jüngeren Kind ein Team. Sind die Kinder älter, können auch zwei Kinder und die beiden Eltern je ein Team bilden. Einer aus dem Team verkleidet sich als Engel, der andere als Maria.
Während ein Erzähler die erzählenden Übergänge liest, spielen die beiden Darsteller und füllen die wörtliche Rede in die Pause hinein – ohne Vorlage. Danach ist das nächste Team dran. Später wird verglichen, wer dem Inhalt der biblischen Erzählung am nächsten gekommen ist.

Erzählende Übergänge zu Lukas 1,26-38
Die Geburt des Retters wird angekündigt
Als Elisabet im sechsten Monat schwanger war, sandte Gott den Engel Gabriel nach Nazaret in Galiläa zu einem jungen Mädchen mit Namen Maria. Sie war noch unberührt und war verlobt mit einem Mann namens Josef, einem Nachkommen Davids.
Der Engel kam zu ihr und sagte: _____

Maria erschrak über diesen Gruß und überlegte, was er bedeuten sollte.
Da sagte der Engel zu ihr: _____

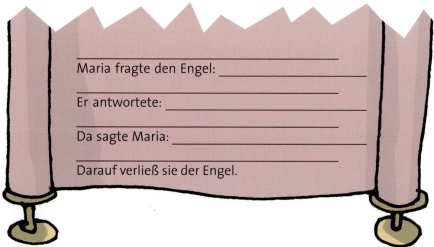

Maria fragte den Engel: _____

Er antwortete: _____

Da sagte Maria: _____

Darauf verließ sie der Engel.

Bibel lesen: Lukas 1,26-38
Ein Team liest die gesprochenen Texte, jeweils die Rolle, die sie vorher dargestellt haben. Einer ist der Erzähler.

Bibel entdecken
Welches Team ist dem Originaltext am nächsten gekommen? Wer hat furchtbar danebengelegen? Womit?

Textentdeckerwürfel
Nehmt den Textentdeckerwürfel (siehe Anhang) und würfelt euch durch die biblische Geschichte.

Bibel erklären
Marias Schreck
Warum erschrickt Maria? Es ist nicht nur das plötzliche Erscheinen des Engels Gabriel, das ihr einen Schrecken einjagt. Der Satz „der Herr ist mit dir" (Vers 28) wird immer dann zu einem Menschen gesagt, wenn Gott mit diesem Menschen Großes vorhat. So sagt der Engel Gabriel es ja auch: „Er hat dich zu Großem ausersehen." Maria ist ein junges Mädchen. Auf einmal zu erfahren, dass Gott sie zu Großem ausgewählt hat, jagt ihr einen gehörigen Schreck ein.

In den folgenden Versen erklärt der Engel ihr, worin das Große besteht: Maria wird Gottes Sohn zur Welt bringen. Die Antwort Marias in Vers 38 macht klar: Maria stellt sich Gott ganz zur Verfügung.

Bibel übertragen

Kostbare Verse
Ihr braucht: euer Buch „Kostbare Verse" und einen Stift.

Findet ihr in dem heutigen Bibeltext einen Vers, den ihr besonders gut findet? Dann schreibt ihn in euer Buch.
Kann euch der Vers auch im Alltag helfen? Wie?

Gebet ■

---

52. Gott, mein Schutz und meine Stärke
Bibeltext: Psalm 18,1-4

Gebet

Zum Einstieg
Wenn ich auf dem Burgturm stehe, sehe ich die Menschen, die zur Burg kommen, schon von Weitem. Auf dem Turm fühle ich mich sicher. Wenn das Burgtor geschlossen ist, hat niemand Zugang. (Eduard, 11 Jahre)

Schaut euch gemeinsam das Bild an. Es sieht ein wenig duster aus, oder nicht? Lest, was Eduard über die Burg denkt. Was sagt ihr dazu? Zuerst können die Kinder antworten.

Bibel lesen: Psalm 18,1-4

Bibel entdecken
Ihr braucht: ein großes Blatt Papier, ein paar Buntstifte

Legt das Blatt so vor euch auf den Tisch, dass jeder auf seiner Seite an das Blatt kommt und darauf malen oder schreiben kann. Sucht die Bezeichnungen/Bilder aus dem Vers heraus, mit denen der Psalmschreiber David Gott vergleicht und beschreibt. Teilt diese Bilder/Bezeichnungen unter euch auf und malt oder schreibt sie auf das Blatt. Schreibt dazu, was euch dazu einfällt.
Teilt einander mit, was euch eingefallen ist.

Jeder von euch kann die Bilder/die Beschreibung farbig einkreisen, die er am schönsten oder hilfreichsten oder stärksten findet.

Bibel erklären
David weiß, wovon er spricht. Erinnert ihr euch noch daran, was David als Hirtenjunge, im Kampf gegen den riesigen Goliat, auf seiner Flucht vor König Saul und im Kampf gegen die feindlichen Völker erlebt hat? David hat erlebt: Auf Gott ist Verlass. Wer auf Gott vertraut, ist geschützt.

Bibel übertragen

Turmrätsel

Dieser Turm enthält eine wichtige Botschaft für das neue Jahr. Wenn ihr alle Buchstaben wegstreicht, die drei Mal oder öfter vorkommen, dann bleiben nur noch wenige Buchstaben übrig. Diese können in den folgenden Lückentext eingesetzt werden.

Gott ist dein _ _ _ _ _ _ und deine _ _ _ _ _ _!
Er verteidigt und beschützt dich.
Auf ihn kannst du dich verlassen!

Gebet

Anhang
Textentdeckerwürfel

Kopiert die Vorlage auf Pappe, schneidet sie aus und klebt daraus den Textentdeckerwürfel zusammen.

Folgende Fragen verstecken sich hinter den Symbolen:
Wolke – Steht etwas über Gott, Jesus oder den Heiligen Geist im Bibeltext?
Person – Welche Personen kommen im Bibeltext vor und was tun sie?

Landkarte – Wo spielt die biblische Geschichte?
Fragezeichen – Was verstehe ich nicht?
Smily – Was gefällt mir an der biblischen Geschichte?
Ausrufezeichen – Was kann ich aus der Geschichte mitnehmen?

Und so nutzt ihr den Textentdeckerwürfel:
Würfelt reihum und beantwortet die Fragen. Wenn ihr eine Frage schon beantwortet habt, würfelt so lange, bis ein neues Symbol oben liegt.

Drei Gesichter

Kopiert die Vorlage auf Pappe und schneidet sie aus.

Die Bedeutung der Gesichter:
Die Gesichter zeigen drei unterschiedliche Ausdrücke.
Das eine Gesicht schaut freudig. Es sagt: Ich bin einverstanden und ich stimme zu. Ich finde gut, was gesagt oder getan wurde.
Das andere Gesicht schaut unentschlossen. Es sagt: Ich weiß nicht so richtig, was ich von der ganzen Sache halten soll. Ich halte mich lieber raus.
Das dritte Gesicht schaut unzufrieden. Es sagt: Ich bin nicht einverstanden und ich stimme nicht zu. Ich finde nicht gut, was gesagt oder getan wurde.
Und so nutzt ihr die drei Gesichter:
Legt die Gesichter auf den Tisch. Nehmt nacheinander eines der Gesichter, das eure Einstellung zeigt und begründet kurz, warum ihr so denkt. Dann ist der nächste in der Runde dran.

Der Schlüssel zum geheimen Alphabet

```
A B C D E F G H I J K L M N O P Q R S T U V W X Y Z Ä Ö Ü
Ö Ü A B C D E F G H I J K L M N O P Q R S T U V W X Y Z Ä
```

Und so verwendet ihr den Schlüssel:
In der oberen Reihe stehen die Buchstaben, die ihr in den verschlüsselten Botschaften vorfindet. Sie ergeben den Buchstaben in der unteren Reihe.

‚Das Koffer-Theater

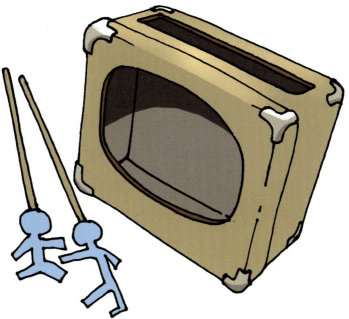

Um ein Koffer-Theater zu bauen, braucht ihr einen alten Pappkoffer vom Dachboden, aus dem Keller oder dem Flohmarkt. Je größer der Koffer, umso größer die Bühne.
Schneidet mit einem scharfen Sägemesser oder der Stichsäge vorne ein möglichst großes Loch als Fenster hinein. Oben braucht das Koffer-Theater einen breiten Schlitz, durch den später die einfachen Stabfiguren gespielt werden können. Wenn ihr wollt, könnt ihr an der vorderen Innenseite seitlich zwei kleine Schrauben eindrehen und eine Leine daran befestigen. Hängt an beiden Seiten ein Tuch auf, dann habt ihr sogar einen Vorhang.

Und so spielt ihr im Koffer-Theater:
Ihr braucht einige Holzstäbe, Papier oder Pappe, Buntstifte, Schere und Kleber. Malt die Figuren und das Bühnenbild auf das Papier und schneidet alles aus. Das Bühnenbild kann in den Koffer geklebt werden. Die Figuren werden unten an die Holzstäbe geklebt. Durch den oberen Schlitz können sie nun gespielt werden.

Das Kisten-Kino

Ihr braucht eine große Pappkiste (aus dem Supermarkt). Schneidet vorne ein möglichst großes Loch als Fenster hinein. In beide Seiten müsst ihr zudem einen Schlitz schneiden, durch den später die Bilderfolge gezogen werden kann-

Und so nutzt ihr das Kisten-Kino:
Malt einige Szenen aus der biblischen Geschichte auf Papier. Heftet die einzelnen Bilder in der richtigen Reihenfolge seitlich aneinander und rollt die Bilderfolge auf. Zieht die Bilderfolge durch das Kisten-Kino während die biblische Geschichte gelesen wird.

Die Krempel-Kiste

In jedem Kinderzimmer steht irgendwo eine Krempel-Kiste. Darin befinden sich wild durcheinander alle Spielzeuge, mit denen man gerade nicht spielt. Habt ihr keine Krempel-Kiste, dann macht euch ein.

Und so verwendet ihr die Krempel-Kiste:
Spielt die biblische Geschichte mit den Spielsachen und Gegenständen nach, die ihr in der Krempel-Kiste findet. Es macht nichts, wenn Jona ein Bär ist und der Wal ein Krokodil.

Vorlage Leuchtturm

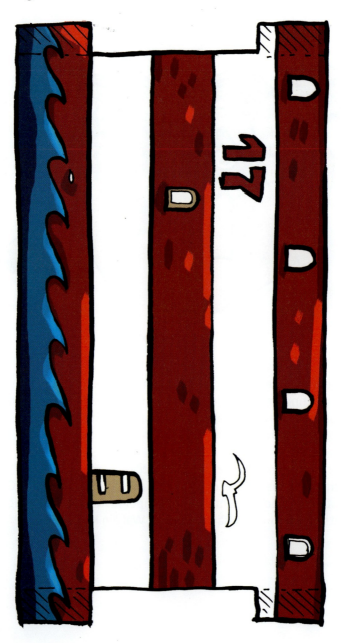